Taissija Slawinski

Gentrification

Tendenzen und Entwicklungen der Aufwertung innerstädtischer Wohnviertel

Das Beispiel Gießen

Gießener Geographische Manuskripte

Die Professoren des Instituts für Geographie
der Justus-Liebig-Universität Gießen (Hrsg.)

Band 5

Taissija Slawinski

Gentrification

Tendenzen und Entwicklungen der Aufwertung
innerstädtischer Wohnviertel

Das Beispiel Gießen

Shaker Verlag
Aachen 2012

Bibliografische Information der Deutschen Nationalbibliothek
Die Deutsche Nationalbibliothek verzeichnet diese Publikation in der Deutschen
Nationalbibliografie; detaillierte bibliografische Daten sind im Internet über
http://dnb.d-nb.de abrufbar.

Copyright Shaker Verlag 2012
Alle Rechte, auch das des auszugsweisen Nachdruckes, der auszugsweisen
oder vollständigen Wiedergabe, der Speicherung in Datenverarbeitungs-
anlagen und der Übersetzung, vorbehalten.

Printed in Germany.

ISBN 978-3-8440-0847-0
ISSN 2190-5282

Shaker Verlag GmbH • Postfach 101818 • 52018 Aachen
Telefon: 02407 / 95 96 - 0 • Telefax: 02407 / 95 96 - 9
Internet: www.shaker.de • E-Mail: info@shaker.de

Vorwort

"Gentrification" ist ein Thema, das seit knapp 20 Jahren in der deutschen Stadtforschung systematischer bearbeitet wird und dabei immer wieder Konjunkturen erfahren hat. Mittlerweile liegen klar formulierte Erklärungsmodelle zu den Kernmerkmalen der Gentrification sowie einem idealtypischen Phasenverlauf der Gentrification vor. Allerdings sind die Defizite in der empirischen Forschung nach wie vor vorhanden, nicht wenige Studien zur Gentrification begnügen sich damit lediglich die symbolische Aufwertung von Gebieten und die damit zusammenhängenden medialen Konstrukte nachzuzeichnen. Thesen zu Verdrängungsprozessen als Folge von Gentrification werden formuliert, aber nur unzureichend nachgewiesen. Vor allem aber konzentrierte sich die Gentrifikationsforschung fast ausschließlich auf Metropolen.

Die Arbeit von Taissija Slawinski trägt dazu bei, diese Forschungslücken zu schließen indem sie erstens einen Stadttypus in den Vordergrund stellt, der durchaus unter Gentrifizierungsverdacht gestellt werden kann: kleine Universitätsstädte mit dem für die typischen schnellen Einwohneraustausch und spezifischen Milieus von Pionieren, die vermutlich eine Schlüsselrolle im Gentrificationprozess einnehmen.

Zweitens wird in der Arbeit sehr viel Augenmerk auf einen machbaren aber dennoch innovativen Methodenmix gelegt: die vorgenommene Funktionskartierung durch Auswertung von Adressbüchern aus den 1970er Jahren ist eine aufwändige, aber durchaus ergiebige Methode, die mit städtebaulichen Bestandsaufnahmen und Expertengesprächen kombiniert wird.

Im Ergebnis diagnostiziert die Autorin für das Untersuchungsgebiet Gießen zwar einige Gentrifizierungsphänomene, von einer regelrechten Gentrifizierung kann aber nicht gesprochen werden. Die Arbeit liefert damit wertvolle Impulse für die weitere Gentrificationforschung!

Prof. Dr. Christian Diller

INHALTSVERZEICHNIS

Vorwort 3

1 Einleitung 9
    1.1 Zielsetzung und Leitfragen 10
    1.2 Aufbau der Arbeit 11

2 Gentrification – Begriffsbestimmung, Erklärungsmodelle und Formen 13
    2.1 Gentrification- Begriffsbestimmung 13
        2.1.1 Historischer Überblick 16
        2.1.2 Akteure 17
            2.1.2.1 Pioniere 19
            2.1.2.2 Gentrifier 20
            2.1.2.3 Alteingesessene und Andere 21
    2.2 Erklärungsmodelle der Gentrification 23
        2.2.1 Invasions-Sukzessions-Zyklus 23
        2.2.2 Phasenmodell 25
        2.2.3 Marktmodell 27
            2.2.3.1 Angebotsorientiere Seite 28
            2.2.3.2 Nachfrageorientierte Erklärungsansätze und der Wandel der Lebensstile .. 30
        2.2.4 Dimensionen nach Krajewski 33
    2.3 Formen der Gentrification 35
        2.3.1 Incumbent Upgrading 36
        2.3.2 Gentrification 36
        2.3.3 Zwischenfazit: Probleme in der Gentrifikationsforschung 38
        2.3.4 Methoden und Indikatoren zur Messung von Gentrification 41

3 Diskussion: Aufwertung vs. Verdrängung 44
    3.1 Verdrängungsmechanismen durch Gentrifikationsprozesse 45
    3.2 Aufwertung durch Gentrification – Stärkung der Innenstädte 48

4 Zwischenfazit 50

5 Untersuchungsgegenstand und Methodik 53
    5.1 Universitätsstadt Gießen 53
    5.2 Universitätsviertel der Stadt Gießen 54
    5.3 Methodik 58

5.3.1 Auswahl der Methoden und der Forschungsablauf 58

5.3.2 Methodenmix für das Universitätsviertel Gießen 60

6 Analyse des Untersuchungsgebietes 69

6.1 Bevölkerungsstruktur im Universitätsviertel 69

    6.1.1 Veränderungen in der Sozialstruktur 70

    6.1.2 Zukünftige Entwicklung der Bevölkerungsstruktur (Prognose) 71

    6.1.3 Mechanismen, die zur Veränderung der Sozialstruktur führen können 72

6.2 Baulicher Bestand im Universitätsviertel 74

    6.2.1 Gebäudealter 75

    6.2.2 Gebäudezustand gründerzeitlicher Bauten 77

6.3 Funktionsräumliche Struktur des Universitätsviertels 83

    6.3.1 Funktionsräumliche Struktur im Jahr 2011 83

    6.3.2 Funktionsräumliche Struktur im Jahr 1974 85

    6.3.3 Veränderungen im infrastrukturellen Angebot: Vergleich der Nutzungen 2011 und 1974 86

    6.3.4 Von der Whiskeymeile zum ruhigen Wohngebiet 87

6.4 Image des Universitätsviertels Gießen 90

7 Abschlussdiskussion 94

7.1 Gentrifizierungstendenzen im Untersuchungsgebiet 94

7.2 Entwicklungen, die gegen einen Gentrifizierungsprozess sprechen 98

8 Fazit 102

8.1 Zusammenfassung und abschließende Betrachtung 102

8.2 Ausblick 105

Literatur- und Quellenverzeichnis 106

ANHANG

Anhang A: Karte „Universitätsviertel" 112

Anhang B: Karte 1 - Erdgeschossnutzungen im Universitätsviertel Gießen (2011) 113

Anhang C: Karte 2 - Erdgeschossnutzungen im Universitätsviertel Gießen (1974) 114

Anhang D: Karte 3 - Alter der Gebäude im Universitätssviertel Gießen (2011) 115

Anhang E: Karte 4 - Zustand gründerzeitlicher Bauten (2011) 116

Anhang F: Einzelhandelsauswertung 117

1 Einleitung

Die Idee der vorliegenden Studie entstand während einer Prüfungssituation zu dem Thema Gentrification[1]. Auf der Suche nach Beispielen für gentrifizierte innenstadtnahe Wohngebiete wurde ich auf das Universitätsviertel der Stadt Gießen aufmerksam (vgl. Abb. 5). Letztendlich wurde das Viertel als Untersuchungsgebiet ausgewählt, da mir das Gebiet als Anwohnerin bestens bekannt ist und durch langjährige Beobachtung vielschichtige Veränderungen der Gebietseigenschaften auffielen, welche ihre Ursache in Gentrifikationsprozessen haben könnten.

Das Viertel ist innenstadtnah gelegen, weist eine hochwertige Altbausubstanz und eine hohe Dichte von Studenten auf. Zudem haben sich vor allem in den letzten fünf Jahren viele bauliche Veränderungen in Form von umfassenden Haussanierungen und Neubauten mit Eigentumswohnungen im Gebiet vollzogen, die in vielen Fällen mit qualitativen Aufwertungen wie Mieterhöhungen einhergingen. Optisch hebt sich das Viertel durch seine äußere Erscheinung und seine Baustrukturen stark von anderen Stadtgebieten ab, gilt als attraktives Wohnviertel und ist ein bisher auf allen Ebenen noch unerforschtes Gebiet. Das Universitätsviertel besitzt ein gutes Image, welches vor allem durch die seit Jahren vermehrt stattfindenden kulturellen Feste deutlich verbessert wurde.

Diese Eigenschaften und zu beobachtenden Wandlungsprozesse scheinen sehr gut in das sozialgeographische Themenfeld der Gentrification zu passen, da bei dem komplexen, vielschichtigen Prozess unter anderem bauliche, soziale, funktionale und symbolische Aufwertungen erfolgen (HEINEBERG 2006, S. 20). Deshalb erscheint es interessant die in dem Untersuchungsgebiet erfolgten Veränderungen im Folgenden im Hinblick auf die verschiedenen Ebenen der Gentrification zu betrachten.

Gentrification ist zwar kein neues Forschungsfeld der Stadtforschung, dennoch wird das Thema gegenwärtig immer wieder in der Öffentlichkeit diskutiert. Besonders Großstädte wie Berlin und Hamburg, aber auch Münster, Köln oder Frankfurt werden auf das Phänomen der Gentrifizierung hin untersucht.

Die Gentrifizierungsforschung hat ihren Ursprung in Grundlagenuntersuchungen, die in den 1980er Jahren in westdeutschen Stadtquartieren durchgeführt wurden. Heute liegt der Fokus mehr auf innenstadtnahen ostdeutschen Städten, da durch die Veränderung der politischen Bedingungen nun auch hier Aufwertungsprozesse möglich sind.

---

[1] Gentrification stammt aus dem englischsprachigen Raum und wird in der deutschen Sprache als Gentrifizierung bezeichnet. Im Verlauf der Arbeit werden beide Begriffe synonym verwendet.

Wie verhält es sich aber mit einem Gebiet, zu dem lediglich Vermutungen hinsichtlich eines Prozesses wie der Gentrification bestehen?
Die vorliegende Studie richtet sich deshalb auf ein bisher noch unerforschtes Quartier der Universitätsstadt Gießen, um Vermutungen über einen Wandel zu prüfen und nachzuweisen, ob und inwieweit sich für das Universitätsviertel der Stadt Gießen Tendenzen eines Gentrifizierungsprozesses bestätigen lassen.

1.1 Zielsetzung und Leitfragen

Im Mittelpunkt der Betrachtung steht das Ziel, zu untersuchen, ob sich Gentrification im Universitätsviertel Gießen vollzieht und in welchem Ausmaß Veränderungseffekte beobachtet werden können. Um eine Aussage dazu treffen zu können, bildet der theoretische Teil dieser Arbeit die Grundlage und richtet sich dem Inhalt entsprechend auf Modelle, Definitionen und Formen der Gentrification, die in der Literatur verankert sind.

Um sich der zentralen Fragestellung der Arbeit zu nähern, wurden für den theoretischen sowie den methodischen Teil Leitfragen formuliert. Dabei soll der theoretische Teil zunächst das Verständnis über den Prozess der Gentrification vermitteln und der darauf folgende methodische Teil das Thema in einen relevanten Kontext stellen.

Mit der Beantwortung folgender Fragen sollen im Rahmen dieser Diplomarbeit die Grundlagen dargestellt und veranschaulicht werden:

- Wie wird Gentrification definiert und welche Charakteristika weisen die am Prozess beteiligten Akteure auf? (vgl. 2.1, 2.1.2)
- Welche Erklärungsmodelle zum Phänomen der Gentrification gibt es und wie stehen sie zur Realität in Bezug? (vgl. 2.2)
- Welche Formen der Gentrification gibt es? (vgl. 2.3)
- Welche Probleme ergeben sich aus der Gentrifizierungsforschung und welche Methoden dienen zur Messung des Phänomens? (vgl. 2.3.3, 2.3.4)
- Wie ist der Prozess der Gentrification aus positiver und negativer Sicht zu bewerten und welche Vor- und Nachteile ergeben sich aus einer solchen Veränderung? (vgl. 3)

Aufgrund einer mangelnden Datengrundlage über das Gebiet wurde das Viertel hinsichtlich seiner Bewohnerschaft, dem baulichen Bestand, der funktionsräumlichen Gliederung und dem Image, also in Bezug auf alle Dimensionen der Gentrification (vgl. 2.2.4) untersucht. Um eine detaillierte und umfassende Datengrundlage für die Untersuchung zu erhalten, wurde für das Universitätsviertel ein Methodenmix (vgl. 5.3.2) durchgeführt, der eine Analyse aller Aufwertungsebenen der Gentrification ermöglicht.

Bei der Untersuchung standen folgende Leitfragen, welche nach den Dimensionen der Gentrification geordnet sind, im Vordergrund:

➢ Soziale Dimension:
1. Wie setzt sich die Bevölkerung im Universitätsviertel zusammen? (vgl. 6.1)
2. Welche Veränderungen sind bezüglich der Bevölkerungsstruktur zu beobachten und wie könnte sich die Bevölkerung in Zukunft verändern? (vgl. 6.1.1, 6.1.2)
3. Welche Mechanismen können zu einer Veränderung beitragen? (vgl. 6.1.3)

➢ Bauliche Dimension:
1. Wie ist der bauliche Bestand des Universitätsviertel zu beschreiben? (vgl. 6.2)
2. Wie verhält sich der Anteil gründerzeitlicher Gebäude zu anderen Bauten? (vgl. 6.2.1)
3. Wie hoch ist der Sanierungsgrad gründerzeitlicher Bauten im Viertel? (vgl. 6.2.2)

➢ Funktionale Dimension:
1. Wie ist das Universitätsviertel funktionsräumlich strukturiert? (vgl. 6.3.1)
2. Wie war das Universitätsviertel hinsichtlich seiner funktionellen Ausstattung gegliedert? (vgl. 6.3.2)
3. Sind Veränderungen im infrastrukturellen Angebot zu beobachten? (vgl. 6.3.3)
4. Wie hat sich die Gastronomie hinsichtlich der Ausstattung und des Angebots verändert und welchen Stellenwert nimmt eine Veränderung im Prozess der Gentrification ein? (vgl. 6.3.4)

➢ Symbolische Dimension:
1. Welches Image hat das Universitätsviertel? (vgl. 6.4)
2. Was trägt zum Image des Viertels bei? (vgl. 6.4)

1.2 Aufbau der Arbeit

Die Studie gliedert sich den oben aufgeführten Fragen nach in insgesamt acht Kapitel; davon bilden die ersten vier den theoretischen Hintergrund und in den darauf folgenden vier Kapiteln wird die detaillierte Analyse des Untersuchungsgebietes vorgenommen.

Inhaltlich sind die Kapitel, welche auf die unterschiedlichen Teilaspekte der Fragestellung eingehen, aufeinander abgestimmt.

In Kapitel 2 wird durch die Definition des Gentrifizierungsbegriffs und den historischen Überblick eine Basis für das Verständnis gelegt. Des Weiteren werden die Akteure hinsichtlich ihrer Merkmale charakterisiert, die traditionellen Erklärungsmodelle der Gentfrification erläutert und darauf aufbauend eine Unterscheidung und Abgrenzung von Formen des Prozesses beschrieben. Erstmals werden in diesem Kapitel Probleme der Forschung dargestellt und Lösungsvorschläge zur Messung von Gentrification veranschaulicht.

In Kapitel 3 werden Vor- und Nachteile des Prozesses diskutiert. Der Grundlagenteil schließt mit einem Zwischenfazit (Kapitel 4) ab.

In Kapitel 5 werden zunächst das Untersuchungsgebiet und der Untersuchungsgegenstand vorgestellt und somit eine Grundlage für das Verständnis der methodischen Vorgehensweise gelegt, die im Anschluss daran vorgestellt wird.

Im 6. Kapitel erfolgt dann die Analyse des Viertels im Hinblick auf seine Bevölkerungsstruktur, den baulichen Bestand, die funktionsräumliche Gliederung und hinsichtlich des Images.

Eine genauere Analyse der Aussagen findet in einer abschließenden Diskussion in Kapitel 7 statt, in der die Gründe für und gegen einen Gentrifizierungsprozess aufgeführt und abgewogen werden.

Mit der abschließende Betrachtung (Fazit) und dem Ausblick schließt das Kapitel 8 die Arbeit ab.

Das Ziel liegt darin, den Forschungsgegenstand durch die einzelnen Leitfragen so zu durchleuchten, dass ein mehrperspektivisches Gesamtergebnis für die zentrale Fragestellung resultiert. Es ist zudem darauf hinzuweisen, dass im Bereich der Literaturrecherche bewusst auf Internetquellen verzichtet wurde, da zu dem Themenfeld der Gentrification zwar viele Artikel zu finden sind, diese aber stark meinungsbehaftet und qualitativ nicht verlässlich sind. Des Weiteren beschränken sich die Ausführungen im Theorieteil im Wesentlichen auf die Bundesrepublik Deutschland, insbesondere auf Westdeutschland.

2 GENTRIFICATION – BEGRIFFSBESTIMMUNG, ERKLÄRUNGSMODELLE UND FORMEN

2.1 Gentrification- Begriffsbestimmung

Seit es Diskussionen zu Veränderungen von innenstadtnahen Wohngebieten[2] gibt, verwendet man den Begriff Gentrification, der von der britischen Soziologin RUTH GLASS im Rahmen einer Untersuchung der Veränderungen eines Londoner Stadtteils in den 1960er Jahren geprägt wurde. Dabei ging es vorerst um einen schnellen Anstieg des Anteils der Bewohner der oberen Mittelschicht in ehemaligen Arbeiterwohngebieten in Amerika (BLASIUS, DANGSCHAT 1990, S. 11). „Die wohl größte Wirkung hat das Phänomen der Gentrification innerhalb der nordamerikanischen Stadtforschung entfaltet" (HELBRECHT 1996, S. 2), in Europa hingegen verläuft der Prozess sanfter und weniger schnell. Es handelt sich dabei häufig um einige, wenige innenstadtnahe Wohnblocks. [...] „Oft reduziert sich die Verdrängung auf eine Neubelegung frei gewordener Wohnungen aufgrund einer normalen Migration[3]" (BLASIUS, DANGSCHAT 1990, S. 11). Die unterschiedlichen Prozessabläufe ergeben sich aus verschiedenen historischen Hintergründen, besonders aus dem Ausmaß der staatlichen und kommunalen Steuerung der Stadtentwicklung (BLASIUS, DANGSCHAT 1990, S. 12).

Nach BLASIUS und DANGSCHAT (1990) ist Gentrification ein qualitativer Bevölkerungsaustausch, der von einer Umgestaltung des Wohnungsbestandes durch Modernisierung, Umwandlung von Miet- in Eigentumswohnungen und den Neubau von Eigentumswohnungen begleitet wird (BLASIUS, DANGSCHAT 1990, S. 11). DANGSCHAT (1988) schrieb bereits 1988 von Hinweisen auf eine Verbesserung der Zusammensetzung der Wohnbevölkerung und der Gebäudestruktur in ausgewählten innenstadtnahen Wohnvierteln, die bereits so weit vorangeschritten ist, dass schon an der Verbesserung Kritik geübt wird (DANGSCHAT 1988, S. 272).

HELBRECHT (1996) macht in einem Aufsatz zur Wiederkehr der Innenstädte auf einen Prozess drastischer Aufwertung der Innenstädte aufmerksam, weil eine demografische Kehrtwende einsetzte, die Teile der Mittelschicht zurück in die Stadt brachte (HELBRECHT 1996, S. 1).

---

[2] Unter innenstadtnahe Wohngebiete werden Innenstadtrandgebiete, die um den zentralen Geschäftsbezirk (City) liegen, verstanden (BLASIUS, DANGSCHAT 1990, S. 13).
[3] Migration meint die natürliche dauerhafte Verlagerung des Wohnortes.

Wie bereits deutlich wird, ist der Prozess Gentrification eine vielseitige Entwicklung, mit der nicht nur bauliche, sondern auch soziale Aufwertungsformen in den Innenstädten beschrieben werden und positive, aber auch negative Auswirkungen beinhaltet sind. Die Komplexität des Phänomens Gentrification ist anhand unterschiedlicher Ansätze unübersehbar: es gilt diese zu untersuchen und die Notwendigkeit mehrdimensionaler Betrachtungsweisen aufzuzeigen (HELBRECHT 1996, S. 2).

In der Literatur findet man vielfältige Beschreibungen und Interpretationen zu dem Begriff Gentrifizierzung. Schon mit Begin der Untersuchungen der Chicagoer Schule der Stadtsoziologie zu Beginn des 20. Jahrhunderts stellte der Wandel von innerstädtischen Quartieren einen Gegenstand stadtsoziologischer Forschung dar und heute bestätigen Recherchen im Internet zum Stichwort Gentrification die rege Diskussion in Blogs[4], Studienarbeiten, Presse, Radio und Fernsehen (BRECKNER 2010, S. 27).

Nach Jahrzehnten der Bevölkerungsabwanderung aus den Innenstädten (Suburbanisierung und Exurbanisierung[5]) sind seit den 70er Jahren wieder Revitalisierungsprozesse der Innenstädte zu beobachten (KRAJEWSKI 2006, S. 36). Die im Agglomerationsmodell von GAEBE als Reurbanisierung bezeichnete Phase meint eine relative Bevölkerungs- und Beschäftigtenzunahme in der Kernstadt: in den Städten nehmen zunehmend private und öffentliche Erhaltungs- und Erneuerungsinvestitionen zu, es werden Sanierungen und aufwändige Rekonstruktion historischer Stadtstrukturen vollzogen, um die Innenstädte aufzuwerten. Dieses Phänomen wird auch als Gentrification bezeichnet (HEINEBERG 2006, S. 58).

Jürgen Friedrichs z.B. beschreibt diesen Prozess als einen „Austausch einer statusniedrigen Bevölkerung durch eine statushöhere Bevölkerung in einem Wohngebiet". (FRIEDRICHS, KECSKES 1996, S. 14). FRIEDRICHS (1996) bezieht den baulichen Aufwertungsprozess nicht mit ein, um die Modernisierung der Bausubstanz unabhängig von einem Bevölkerungsaustausch untersuchen zu können.

Die Begriffsfassung von HELBRECHT (1996) bezieht hingegen sowohl die bauliche als auch die soziale Aufwertung mit ein:

„Unter Gentrification versteht man einen stadtteilbezogenen Aufwertungsprozess, der auf der Verdrängung unter Einkommensgruppen durch den Zuzug wohlhabender Schichten

---

[4] Blog ist ein auf einer Website geführtes und öffentlich einsehbares Tagebuch, in dem meist mehrere Personen Aufzeichnungen führen, Sachverhalte protokollieren oder Gedanken niederschreiben.
[5] Suburbanisierung meint eine Wohn-, Einzelhandels- und Gewerbesuburbanisierung an den Stadtrand aufgrund innerregionaler Dekonzentration von Bevölkerung und Arbeitsplätzen. Ex- bzw. Desurbanisierung bedeutet absolute Bevölkerungs- und Beschäftigtenabnahme im gesamten Agglomerationsraum (HEINEBERG 2006, S. 56).

basiert und zu Qualitätsveränderungen im Gebäudebestand führt" (KRAJEWSKI 2006, S. 38; HELBRECHT 1988, S. 2).

Unter dem Aspekt des gesellschaftlichen, politischen und ökonomischen Wandels und der städtebaulichen Transformationsprozesse kann in Anlehnung an FRIEDRICHS (1998) von einem innenstadtnahen Aufwertungsprozess in physischer und sozialer Hinsicht gesprochen werden (KRAJEWSKI 2006, S. 38).

Nach KRAJEWSKI (2006) und HEINEBERG (2006) (vgl. 2.2.4) ist Gentrification ein sehr komplexes Phänomen, das:

- eine bauliche Aufwertung (Gebäudesanierungen und Neubauten, Wohnumfeld- und Infrastrukturverbesserungen),
- eine soziale Aufwertung (Zuzug statushöherer Bevölkerung),
- eine funktionale Aufwertung (Ansiedlung neuer Geschäfte und Dienstleistungen, was eine quantitative und qualitative Verbesserung mit sich bringt) und
- eine symbolische Aufwertung (positive Kommunikation über die Gebiete, Medienpräsenz, hohe Akzeptanz bei den Bewohnern und Besuchern) umfasst

Insgesamt lassen sich in der Literatur viele Definitionen zu dem Begriff Gentrifizierung finden, jedoch keine einheitliche, auf die immer zurückgegriffen wird. DANGSCHAT (1988) beschreibt die Definition des Begriffs schon im Jahr 1988 als eine Kombination aus der Erneuerung des Wohnungsbestandes und des Anstiegs des Anteils an Angehörigen der Mittel- und der oberen Mittelschicht. Diese Aspekte tauchen zwar in den meisten der Definitionsversuche auf, doch gibt es auch immer wieder wesentliche Unterschiede (DANGSCHAT 1988, S. 273).

Im Laufe der Zeit kommen immer mehr Beschreibungen über den Prozess der Gentrification hinzu, einige Autoren greifen Kennzeichen anderer auf, ergänzen, bilden neue Kriterien oder übernehmen die Definition und geben sie wieder auf. Die aufgeführte kurze Übersicht stellt nur eine der wichtigsten und für das Verständnis erforderlichen Definitionen vor. Nach Jahrzehnten der Abkehr aus den Innenstädten stellt sich die Frage: Warum eine Revitalisierung der Innenstädte?

„Warum ziehen Teile der Bevölkerung zurück in die Innenstadt? Warum verlassen bestimmte Bevölkerungsschichten die Innenstadt erst gar nicht […]?" (HELBRECHT 1996, S. 3).

2.1.1 Historischer Überblick

„Die geschichtliche Dimension der Thematik ist für den heutigen Diskurs über das Thema wichtig, da in der gesellschaftlichen Öffentlichkeit häufig der falsche Eindruck vermittelt wird, es handele sich um ein neues stadtpolitisches Thema" (BRECKNER 2010, S. 27). Es wurden schon in dem Ringzonenmodell der Stadtentwicklung von BURGESS mit dem Konzept des konzentrischen Wachstums von Städten in den 1920er Jahren Themenbereiche der Gentrification aufgegriffen, die sich trotz restriktiver Modellannahmen in der Veränderung der Strukturen deutscher Städte widerspiegeln.

Das Modell geht von zwei Annahmen aus: einerseits verändern sich Städte ständig unter dem Einfluss der Konkurrenz um Standortvorteile und andererseits sind Städte integrale Einheiten, in denen kein Teilgebiet sich verändert, ohne dass daraus Folgen für andere Stadtteilgebiete resultieren (HEINEBERG 2006, S. 111). Das Stadtentwicklungsmodell von BURGESS geht von einer beständig wachsenden Stadt aus: das Wachstum des Tertiären Sektors im Central Business District[6] um Dienstleistungsbetriebe geht mit einem erhöhtem Flächenbedarf einher. Wächst die City, so verdängt sie benachbarte Wohnnutzungen und trifft in der angrenzenden transitorischen Zone auf alte Gebäude mit schlechter Ausstattung (FALK 1994, S. 100-101).

In den 1960er Jahren erfolgte eine Ausweitung des Tertiären Sektors mit einer Ausdehnung der City in angrenzende Stadtteile. Zeitgleich erhöhte sich der Raumbedarf der Wohnbevölkerung, der durch die vorangeschrittene Motorisierung, die zunehmende allgemeine Wohlstandsentwicklung und den Baby-Boom begünstigt wurde (BLASIUS, DANGSCHAT 1990, S. 13). Parallel hierzu fand eine Umwertung der Wohnstandorte statt, da die Innenstädte als ungeeignete Lebensumwelt für Kinder galten und die Bevölkerung suburbanisierte, d.h. Familien zogen zugunsten eines Eigenheims ins Grüne. Die Suburbanisierung ging mit einer selektiven Abwanderung einher, so dass Arme und Alte zurückblieben, weil sie sich kein Eigenheim im Grünen leisten konnten. Die Auswirkungen dieses Prozesses in den Innenstädten waren leerstehende Wohnungen, die vor allem von Migranten bezogen wurden und unterlassene Investitionen in den Wohnbestand, da zum Einen Umwandlungsverdacht hin zu tertiärer Nutzung bestand und zum Anderen Investitionen an anderen Stellen betätigt wurden (THOMAS 2008, S. 12). Die städtebaulichen Missstände wurden in einer nächsten Phase, der „Welle der

---

[6] Central Business District (CBD) ist die city. In dieser Innenstadtzone konzentrieren sich Geschäfts- und Verwaltungseinrichtungen. Hier herrschen die höchsten Bodenpreise der Stadt mit geringer permanenter Wohnbevölkerung. Die Nutzungen des CBD dehnen sich stark in die nächstliegende Zone aus (HEINEBERG 2006, S. 111).

Flächensanierung", beseitigt. „Mittels einer Flächensanierung wurden heruntergekommene oder verfallene Bestände abgerissen, um Platz für neue, zeitgemäße Nutzungen zu schaffen" (BLASIUS, DANGSCHAT 1990, S. 14).

Mit dem in das Baugesetzbuch integrierten Städtebauförderungsgesetz (StBauFG) vom 01.07.1987 wurde dann eine Planungspraxis implementiert, die sich auf die innenstadtnahen Wohnviertel konzentrierte, diese umbaute und aufwerten sollte. Ziele waren neben den Sanierungs- und Modernisierungsmaßnahmen in Wohnbestand und -umfeld besonders der Erhalt der Bausubstanz (THOMAS 2008, S. 12). Die Zielgruppe für die Maßnahmen waren allerdings nicht die in den innenstadtnahen Wohnungen zumeist lebenden, die zurückgeblieben waren, sondern gutverdienende Haushalte, da durch ihren Zuzug die Bevölkerungsstruktur in den Innenstädten wieder aufgewertet werden sollte. Die ursprünglichen Bewohner mussten weichen, da sie mit den durch die Modernisierungen angehobenen Mietpreisen nicht mithalten konnten (BLASIUS, DANGSCHAT 1990, S. 14-15).

Mit dem Wohnungseigentumsförderungsgesetz von 1986 kam es zu vermehrter Umwandlung von Miet- in Eigentumswohnungen, was eine Verknappung günstigen Wohnraums zur Folge hatte. Zeitgleich bildete sich durch die Ausweitung der neuen Berufe im Dienstleistungsbereich eine neue Einkommensschicht, deren Lebensstil von einem demonstrativen Konsum gekennzeichnet war. Die Bewohner waren jung, karriereorientiert, wenig familienorientiert und an innenstadtnahen Wohnorten interessiert, so dass diese Gruppe mit den Anderen (vgl. 2.1.2.3) ökonomisch konkurrierte. Die so genannte A-Gruppe (d.h. Arme, Alte, Arbeitslose, Ausländer) war im Vergleich zu den neu Hinzuziehenden, den Pionieren (vgl. 2.1.2.1) und Gentrifiern (vgl. 2.1.2.2), nicht konkurrenzfähig und wurde weitestgehend aus den Innenstädten verdrängt (THOMAS 2008, S. 13).

Diese Prozessverläufe im gesellschaftlichen, ökonomischen und stadtpolitischen Wandel begünstigen in Westdeutschland den Prozess der Gentrifizierung.

2.1.2 Akteure

„Mit dem Begriff Gentrification wird ein Phänomen umschrieben, das zum einen die Aufwertung des Wohnraums innerstädtischer Viertel bedeutet und zum anderen den sukzessiven Austausch der Wohnbevölkerung zugunsten besserverdienender Gruppen zum Inhalt hat" (ALISCH, DANGSCHAT 1996, S. 95). Die am Austausch beteiligten Akteure werden in der Literatur pauschal als Pioniere, Gentrifier und Andere klassifiziert, die voneinander abhebende Merkmale aufweisen. Versuche, Merkmale zu definieren, führten bislang zu keinen übereinstimmenden Klassifikationen, weshalb an dieser Stelle auf eine eher qualitative Charakterisierung hingewiesen wird (FRIEDRICH 2000, S. 35).

Nach ALISCH und DANGSCHAT (1996) können die Gruppen einerseits auf der Individualebene und andererseits auf der Haushaltsebene definiert werden. Auf der Individualebene werden die Akteure als Einzelperson analysiert, weil Entscheidungen über einen Umzug oder einen geeigneten Wohnstandort oftmals als Einzelperson getroffen werden. Werden die Gruppen auf der Haushaltsebene definiert, so müssen Entscheidungen in Bezug auf eine Wohnung von mehreren Personen mitberücksichtigt werden. Da das Pro-Kopf-Einkommen eines Haushaltes auf der Individualebene schwer zu ermitteln ist, wird auf dieser Ebene das Einkommen für einen Haushalt bestimmt (ALISCH, DANGSCHAT 1996, S. 100-105).

Die Klassifikation der Gruppen wird jedoch oftmals als kritisch angesehen. In stadtsoziologischen Studien werden zwar für die früh einziehenden Haushalte Begriffe wie Pioniere und für die später einziehenden Bewohner Gentrifier verwendet, doch oft bleibt unklar, wer mit diesen Bezeichnungen eigentlich gemeint ist (THOMAS 2008, S. 27-28). Eine feste Zuweisung zu einer Alters-, Bildungs- und Einkommensgruppe steht vor dem Problem einer sich wandelnden Veränderung der Bestimmung: Gentrifizierung als Prozess (nicht als Zustand) zu untersuchen, erfordert eine diachronische Untersuchung. Dabei können sich Haushalte im Einkommen, der Bildung und im Alter verändern und anderen Gruppen zugewiesen werden als vorher (FRIEDRICHS 1996, S. 17).

„Vereinzelt – insbesondere im Zusammenhang mit den in Amerika entwickelten Modellen der Gentrifizierung – werden die Zuziehenden differenziert. Die meistgenannte Gruppe neben den Gentrifiern ist die der 'Pioniere'" (ALISCH, DANGSCHAT 1996, S. 97). Die unterschiedlichen Klassifikationen ergeben sich, wenn die Merkmale der Klassifikation (Haushaltstyp, Alter, Einkommen) durch mehr Ausprägungen (z.B. Zahl der Haushaltstypen) differenziert werden (FRIEDRICHS 2000, S. 62). Eine Typologie der am Prozess beteiligten Gruppen ist dennoch notwendig, um das Eindringen von neuen Haushaltstypen in das Wohnviertel zu identifizieren und dabei Veränderungen in der Bevölkerungsstruktur erfassen und beschreiben zu können (THOMAS 2008, S. 27).

2.1.2.1 Pioniere

Der Begriff Pionier stamme nach ALISCH und DANGSCHAT (1996) ursprünglich von DRESSEY (1938), der damit die Gruppe der neu Hinzuziehenden in der ersten Invasionsphase des Invasions-Sukzessions-Zyklus (vgl. 2.2.1) bezeichnet (ALISCH, DANGSCHAT 1996, S. 97).

Pioniere werden als Personen, die eine hohe Schulbildung, aber keine bzw. noch keine gesicherte berufliche Position und daher ein niedriges, oftmals unsicheres Einkommen haben, bezeichnet. Sie sind selten verheiratet, in der Regel kinderlos und in verschiedenen Haushaltsformen wie Wohngemeinschaften, Partnerbeziehungen oder alleine vorzufinden (BLASIUS 1993, S. 31). Gentrifiern gegenüber sind sie eher Mieter und nicht Eigentümer; sie sind risikobereiter und innerhalb der Zuwanderergruppen die jüngsten. Außerdem besitzen sie meist künstlerisch-kreative Berufe (ALISCH, DANGSCHAT 1996, S. 98). KRAJEWSKI hat in seiner Untersuchung in der Spandauer Vorstadt und Rosenthaler Vorstadt in Berlin die Kriterien der Gruppenbildung durch Absenkung der Einkommensgrenze und des Schulabschlussniveaus an regionale Verhältnisse angepasst und auf sein Untersuchungsgebiet genau passende Gruppenkriterien festgelegt. Pioniere weisen demnach ein Alter von 18 bis 35 Jahre auf, der Schulabschluss geht mindestens bis zur 10. Klasse, das Einkommen liegt bei unter 1.500 DM[7] und ein Pionier-Haushalt ist durch maximal ein Kind gekennzeichnet (KRAJEWSKI 2006, S. 55). BLASIUS definiert Pioniere in Anlehnung an die erste bundesdeutsche Untersuchung zum Thema Gentrification von DANGSCHAT und FRIEDRICHS (1988) in der Hamburger Innenstadt als kinderlose Bewohner zwischen 18 und 35 Jahre und Haushalte bis zu sechs Personen, die ein Pro-Kopf-Einkommen von bis zu 1.999 DM und mindestens Abitur haben (BLASIUS 1993, S. 33). Pioniere sind also Studenten, Künstler und gehören einer eher alternativen Szene an, befinden sich häufig noch in der Ausbildung und besitzen geringe Wohnflächenansprüche, weshalb sie als „risikofreudigste" Gruppe unter den Beteiligten bezeichnet werden (FRIEDRICH 2000, S. 35). Aus den Ausführungen wird ersichtlich, dass es in der deutschsprachigen Literatur keine einheitlichen und genauen Definitionen und Zuweisungen für die Gruppe der Pioniere gibt. Wie ALISCH und DANGSCHAT (1996) schon schrieben „bleibt also offen, wer genau mit 'Gentrifier' und 'Pionier' gemeint ist – außer, dass sie in bestimmten innenstadtnahen Wohngebieten im Laufe etwa der letzten 20 Jahre zugezogen sind" (ALISCH, DANGSCHAT 1996, S. 97-98).

---

[7] In den meisten Ausführungen wird das Einkommen in DM beschrieben. Für einen Erhalt der Vergleichbarkeit wurde der Einkommensbetrag deshalb auch in dieser Währung angegeben.

Pioniere werden zudem als Wegbereiter für die Gentrification bezeichnet. Erst ihre Anwesenheit macht das Quartier für die Gentrifier interessant und lockt sie an. Im späteren Verlauf des Prozesses sind es aber gerade die Pioniere, die gegen die Aufwertungsmaßnahmen und teure Mieten protestieren. Sie vergessen dabei jedoch, dass sie ihrerseits Invasoren waren und das Gebiet verändert haben (DANGSCHAT 1988, S. 280).

2.1.2.2 Gentrifier

Die Gentrifier sind die neuen Bewohner des Wohnviertels am Ende eines Gentrifzierungsprozesses. Sie unterscheiden sich von den Pionieren in Bildung, Einkommen und Alter. Demnach sind sie nach BLASIUS (1993) zwischen 26 und 45 Jahre alt, leben in Haushalten von ein oder zwei Personen und haben meist keine Kinder. Sie verfügen über ein hohes und gesichertes Einkommen, das bei mindestens 2.000 DM pro Person liegt und haben fast immer eine gute berufliche Position (im Zweipersonenhaushalt als Doppelverdiener). Gentrifier sind meistens nicht verheiratet, kinderlos und kommen dann erst ins Gebiet, wenn die Aufwertung schon das Anfangsstadium überwunden hat und das Viertel attraktiver ausgestattet ist (BLASIUS 1993, S. 31-32). „Erst später, wenn das Viertel mit einem Mindestmaß an Bioläden, Vollwertrestaurants und Kleinkunstläden ausgestattet ist, akzeptieren wohlhabendere Bevölkerungsgruppen den eigenwilligen Charakter des Stadtteils" (HELBRECHT 1996, S.5). KRAJEWSKI (2006) beschreibt in seinen Ausführungen zu Berlin die Gruppe der Gentrifier als Personen beliebiger Bildungsabschlüsse in einem Alter von 26 bis 46 Jahre und mindestens 1.500 DM Einkommen. Die Haushalte setzen sich aus ein bis zwei Personen mit maximal einem Kind zusammen (KRAJEWSKI 2006, S. 55).

Es wurde festgestellt, dass in US-amerikanischen Städten Gentrifier eher aus der weißen Mittelschicht stammen, jung, wohlhabend und recht gut ausgebildet sind. Sie leben in meist kleinen, kinderlosen Haushalten als Singles oder als doppelverdienende Paare, sind in gut bezahlten Dienstleistungsberufen tätig und führen einen urbanen Lebensstil. Ihre Wohnungspräferenzen liegen in modernisierten Altbauten, die oftmals zu Eigentumswohnungen umgewandelt werden (ALISCH, DANGSCHAT 1996, S. 98). Gentrifier (z.B. Yuppies[8]) haben im Vergleich zu den Pionieren höhere Flächenansprüche, weil sie an einer dauerhaften Wohngegend interessiert sind (FRIEDRICH 2000, S. 35). Sie verfügen aufgrund des hohen Anteils der Studenten unter ihnen über ein hohes Maß an kulturellem

---

[8] Yuppies sind Young Urban Professionals: die Träger der Gentrifizierung (HELBRECHT 1996, S. 3).

Kapital (Bildung, Geschmack) und entdecken den Charme ehemaliger Arbeiterquartiere als Alternativmilieu zum bürgerlichen Dasein in Neubauten und Einfamilienhäusern (HELBRECHT 1996, S. 3).

Ein Problem bei der Klassifikation der Gruppen ist die Komplikation, dass Pioniere per Definition zu Gentrifiern werden, wenn sich ihr Einkommen z.B. erhöht und das Pionier-Paar ein Kind bekommt. So kann sich der Anteil der Gentrifier in einem Wohngebiet erhöhen, ohne dass weitere Gentrifier zuziehen oder Pioniere ausziehen (FRIEDRICHS 2000, S.63). In der empirischen Untersuchung von ALISCH und DANGSCHAT (1996) konnte dieser Aspekt belegt werden: insbesondere diejenigen, die als Pioniere in das Wohngebiet zogen, mussten zum Zeitpunkt der Untersuchung als Gentrifier aufgeführt werden (ALISCH, DANGSCHAT 1996, S. 128).

„Wenn mit 'Gentrifiern' und 'Pionieren' lediglich Personen bezeichnet sind, die jünger, wohlhabender und besser gebildet sind, entsteht die Frage, gegenüber welchen anderen Personen?" (ALISCH, DANGSCHAT 1996, S. 99). Diese Personen werden in der Literatur als die Anderen bzw. als Alteingesessene oder auch Alte bezeichnet.

2.1.2.3 Alteingesessene und Andere

Zu der Gruppe der Anderen kann man pauschal alle diejenigen zählen, die nicht in einer der beiden ersten Gruppen integriert sind, doch gibt es auch zu dieser Gruppe keine einheitliche Definition (ALISCH, DANGSCHAT 1996, S. 100).

Man kann die Anderen als Restkategorie der ursprünglichen Quartiersbewohner bezeichnen, die meist zu den statusniederen, altersmäßigen oder ethnischen Randgruppen gehören und somit der Verdrängung unterworfen sind (FRIEDRICH 2000, S. 35).

In der Hamburger Untersuchung von DANGSCHAT und FRIEDRICHS (1988) wird die Restkategorie der am Prozess Beteiligten in zwei Gruppen unterschieden: Ältere, alle Einwohner, die 65 Jahre und älter sind, und Andere, alle restlichen Personen (FRIEDRICHS 2000, S. 62). Eine weitere, genauere Darstellung ist an dieser Stelle noch von ALISCH und DANGSCHAT (1996) aufzulisten: eine Unterteilung der Restgruppe in Mittelalte und Alte. Die Mittelalten sind durchschnittlich Anfang 50 und meist verheiratet, aber auch überdurchschnittlich geschieden. Sie leben alleine oder als Paar, sind in allen Bildungsstufen vertreten und das Haushaltseinkommen ist durchschnittlich hoch (das Einkommen pro Person jedoch geringer als bei einem Gentrifier). Ihre Kinder sind bereits ausgezogen, sie hingegen wohnen meist seit über 15 Jahren in dem Gebiet.

Die Gruppe der Alten umfasst alle Rentner, die schon seit vielen Jahrzehnten im Gebiet wohnen. Ihr Einkommen ist zwar höher als das der zuziehenden Pioniere, jedoch geringer als das der Gentrifier. Sie zahlen im Vergleich zu den Pionieren, Gentrifiern und Mittelalten die geringsten Mieten, weil sie am längsten in ihren Wohnungen leben (ALISCH, DANGSCHAT 1996, S. 107-109).

Im Folgenden wird deshalb eine Unterscheidung in drei Gruppen – den Gentrifiern, den Pionieren und den Anderen bzw. den Alteingesessenen – fortgeführt, die in einer in Anlehnung an alle bisher genannten Autoren und deren Klassifikationen in einer Tabelle zusammengefasst wird:

Tab. 1: Akteure im Gentrifizierungsprozess

Gruppe	Eigenschaften
1. Pioniere	1. **Alter**: 18-35 Jahre, jüngste Zuwanderungsgruppe 2. **Bildung**: meist hohe Schulbildung, jedoch unsicheres Einkommen durch noch ungesicherte berufliche Position oder noch in Ausbildung (Studenten, Künstler) 3. **Haushalt**: meist kinderlose (max. ein Kind), unverheiratete Wohngemeinschaften, Partnergemeinschaften →Mieter 4. **Sonstiges**: geringe Wohnflächenansprüche, „risikobereite" alternative Szene in künsterlisch- kreativen Berufen →sog. „Wegbereiter" des Gentrifizierungsprozesses
2. Gentrifier	1. **Alter**: 26-46 Jahre 2. **Bildung**: hohe Bildung und hohes gesichertes Einkommen durch gesicherte berufliche Position (Dienstleistungsberufe) 3. **Haushalt**: meist kinderlose (max. ein Kind) Haushalte aus zwei Personen („Doppelverdiener") →Mieter, aber auch Eigentümer 4. **Sonstiges**: hohe Wohnflächenansprüche, urbaner Lebensstil, Wohnungspräferenzen liegen bei modernisierten Altbauten →kommen erst ins Gebiet, wenn das Viertel schon attraktiver ist
3. Andere und Alteingesessene	1. **Alter**: ab 50 Jahre und aufwärts (Rentner) 2. **Bildung**: hohe Bildung und hohes Einkommen (aber nicht so hoch wie das der Gentrifier) 3. **Haushalt**: meist verheiratet, aber auch überdurchschnittlich geschieden in Single- oder Paarhaushalten, Kinder sind bereits ausgezogen →Mieter (durchschnittlich seit über 15 Jahren) mit den geringsten Mieten im Viertel 4. **Sonstiges**: „Restkategorie" der ursprünglichen Quartiersbewohner →meist statusniedrige, ethnische „Randgruppen", die der Verdrängung unterworfen ist

Quelle: eigene Darstellung (in Anlehnung an die beschriebenen Autoren) (2011).

2.2 Erklärungsmodelle der Gentrification

Gentrification sei laut BLASIUS (1993) ein chaotisches Konzept, in dem Theorien, Überlegungen und Aussagen zwar benannt und erwähnt, jedoch empirisch oftmals nicht belegt werden. Besonders schwierig ist dabei die Aufgabe, alle Dimensionen in Anlehnung an KRAJEWSKI (2006, S. 61-64) methodologisch zu umfassen. Worauf richtet sich die Theorie denn eigentlich: auf den Bevölkerungsaustausch, auf die Umwandlung von Miet- in Eigentumswohnungen, auf die Veränderung der Miethöhen oder auf die Veränderung der Bodenwerte und damit auch der Gebäudewerte (FRIEDRICHS 1996, S. 15)?

2.2.1 Invasions-Sukzessions-Zyklus

Ein in der Theorie oftmals verwendetes Modell, das sich auf den Bevölkerungsaustausch konzentriert, ist der Invasions-Sukzessions-Zyklus[9]. Bevölkerungsverschiebungen entstehen durch selektive Zu- und Abwanderung nach Schulbildung, Stellung im Beruf und Alter: also exakt nach Merkmalen, über deren Kombination die Gentrifier und Pioniere definiert werden. Es sind zwei Gruppen, die aufgrund ihrer soziodemografischen Gemeinsamkeiten und der Ähnlichkeit der Lebensstile um gleiche innenstadtnahe Wohngebiete konkurrieren, so dass von zwei getrennten Invasions-Sukzessions-Zyklen ausgegangen wird (DANGSCHAT 1988, S. 280).

Zunächst ging man aber von der Hypothese eines Invasions-Sukzessions-Zyklus (PARK 1936) aus: eine Gruppe B dringt in das Wohngebiet einer Gruppe A ein, der Anteil der Bewohner der Gruppe A nimmt stetig ab und die freiwerdenden Wohnungen werden von Haushalten der Gruppe B bezogen. Am Ende des einfachen Austauschprozesses nimmt die Gruppe B die dominierende Stellung in diesem Wohngebiet ein (FRIEDRICHS 1996, S. 16). Der Ansatz dieses Zyklus liefert eine genaue Beschreibung der verschiedenen Phasen eines Bevölkerungsaustausches in einem städtischen Teilgebiet (FALK 1994, S. 33), der bereits 1977 von HOFFMEYER-ZLOTNIK auf den Stadtteil Berlin-Kreuzberg angewandt wurde, in den seit Ende der 1960er Jahre zunehmend Türken eindringen, die die ursprüngliche Bevölkerung schrittweise verdrängten, bzw. die heruntergekommenen Mietshäuser bewohnten (KRAJEWSKI 2006, S. 49).

---

[9] Sukzession ist der Prozess, in dem die Wohnbevölkerung eines Gebietes durch eine andere ausgetauscht wird. Als Invasion wird dabei das Eindringen einer Bevölkerungsgruppe oder Nutzung in einen Teilraum der Stadt, der bislang keinen oder einen sehr geringen Anteil einer solchen Bevölkerungsgruppe oder Nutzung aufwies. Die zweite Phase des Invasionsprozesses wird auch häufig als Sukzession bezeichnet (HEINEBERG 2006, S. 115).

Betrachtet man das Phänomen des Austausches noch genauer (CLAY 1979) so kann angenommen werden, dass es zwei nacheinander eindringende Gruppen gibt, die Pioniere (vgl. 2.1.2.1) und die Gentrifier (vgl. 2.1.2.2) und somit ein doppelter Invasions-Sukzessions-Zyklus stattfindet. Dieses Modell wurde von DANGSCHAT (1988) in mehreren Publikationen aufgegriffen und weiterentwickelt, jedoch empirisch bis heute nicht bestätigt (FRIEDRICHS 1996, S. 16).

Bei einem Doppelten Inavasions-Sukzessions-Zyklus erfolgt in einem ersten Zyklus die Invasion der Pioniere, die wiederum in einem nächsten, zweiten Zyklus von Gentrifiern verdrängt werden (KRAJEWSKI 2006, S. 49). Dieser Vorgang gliedert sich in mehrere Phasen:

1. In ein innenstadtnahes Wohngebiet dringen im Verlauf Pioniere ein, die die ursprünglichen Bewohner ersetzen. Dieser erste Invasions-Sukzessions-Zyklus wird allerdings noch nicht abgeschlossen, er entwickelt sich über die Zeit weiter.
2. Im Verlauf des Zyklus schaffen sich die Pioniere eine eigene Subkultur[10], die für die eigentlichen Gentrifier attraktiv ist. Diese Gruppe, die über ein ökonomisch höheres Potenzial verfügt, wandert in einem zweiten Zyklus in das Wohngebiet ein und verdrängt somit Alteingesessene und erste Pioniere (FALK 1994, S. 54; BLASIUS 1993, S. 34-36).

„Eine zweimalige Invasion von kaufkraftstärkeren, zumindest aber im Wettbewerb um Wohnungen sich besser durchsetzenden Zuwanderern bedeutet eine zweimalige Verdrängung – zuerst der verbliebenen unteren sozialen Schichten, der Arbeiter, Alten und Ausländer, dann der Pioniere" (DANGSCHAT 1988, S. 280-281).

FRIEDRICHS und KECSKES (1996) räumen allerdings ein, dass das Modell des doppelten Invasions-Sukzessions-Zyklus nicht geeignet sei, den Prozess der Gentrification angemessen zu modellieren: einerseits fehle ein empirischer Nachweis klar aufeinander folgender und voneinander abgrenzbarer Phasen und andererseits sei die Festlegung der am Prozess beteiligten Gruppen schwierig, da ein Haushalt zu einem bestimmten Zeitpunkt zwar als „Pionier" bezeichnet werden kann, jedoch nach einigen Jahren und stetig steigendem Einkommen zu einem späteren Zeitpunkt als Gentrifier bestimmt werden muss (FRIEDRICHS 1996, S. 17).

Festzuhalten bleibt, dass derartige Modelle zur Veranschaulichung des Gentrifizierungsprozesses dienen und somit eine reduzierende Bedeutung haben

---

[10] Subkultur ist eine allgemeine Bezeichnung für die von einem kulturellen Zusammenhang abweichende Kultur einer Teilgruppe, die sich durch Merkmale wie Alter, Beruf etc. unterscheidet.

(KRAJEWSKI 2006, S. 49). In der urbanen Realität können Modelle wie solche, die einen langen Prozess beschreiben, nie idealtypisch übertragen werden, da sich Phasen, Zyklen oder auch Dimensionen überschneiden und auf keinen Untersuchungsgegenstand genau übertragbar sind. „Gentrification ist offensichtlich komplexer, als es deskriptive Stadienmodelle mit vereinfachten sozialen Typisierungen nahe legen" (HELBRECHT 1996, S. 4).

2.2.2 Phasenmodell

Aufbauend und ausgehend von dem Doppelten Invasions-Sukzessions-Zyklus, den DANGSCHAT als idealtypisch charakterisiert, entstand in Anlehnung an CLAY (1979) und FRIEDRICHS (1996) ein Phasenmodell, das den Prozess der Gentrification in mehrere – ineinander übergehende – Phasen gliedert (vgl. Tab. 2).

Die Aufwertung wird hierbei in vier verschiedene Stadien eingeteilt, die sich auf unterschiedliche Indikatoren beziehen. Auch bei dieser Anschauung wird von einem modellhaften und vereinfachten Charakter ausgegangen:

In der ersten Phase ziehen Pioniere, Singles oder kleine Haushalte mit höherem Bildungsstatus und meist ohne Kinder in das Gebiet. Sie sind Künstler, Studenten und werden als risikobereit charakterisiert, weil sie den Zustand der Wohnung aufgrund der geringen Miete in Kauf nehmen und eine bunte Mischung für ihren Wohnstandort präferieren. In dieser Phase der Entwicklung sind die Wohnungsleerstände hoch und viele Gebäude heruntergekommen, so dass die Pioniere in die leer stehenden Wohnungen ziehen. Aus diesem Grund sind noch keine Anzeichen von Verdrängungsprozessen vorzufinden (THOMAS 2008, S. 24). Vereinzelt werden Modernisierungen vorgenommen, die zu Mietpreissteigerungen führen. Die Bodenpreise bleiben zunächst unbeeinflusst. In funktionaler Hinsicht bleibt das Gebiet noch unverändert und es gibt keinen Imagewechsel, da die Veränderungen noch zu gering sind und von den Medien unbemerkt bleiben (KRAJEWSKI 2006, S. 48).

In einer zweiten Phase ziehen neben den Pionieren vereinzelt auch Gentrifier hinzu. Die Zuziehenden kommen aus der gleichen Gruppe wie in der ersten Phase, Haushalte mit überdurchschnittlichem Einkommen wie z.B. höhere Angestellte (FRIEDRICHS 1996, S. 19). Diese Haushalte sind jedoch risikoscheuer als die Pioniere, weil sie dauerhaft an einer guten Wohngegend interessiert sind (KRAJEWSKI 2006, S. 48). Gentrifier ziehen erst dann ein, wenn absehbar ist, dass sich das Wohnviertel nach ihren Wünschen entwickelt und sich somit auch Investitionen, die mit dem Umzug verbunden sind, lohnen werden. Der Reiz des Umzugs liegt u. a. in dem niedrigen Mietzins und dem niedrigen Kaufpreis von architektonisch schönen Wohngebäuden. Der Leerstand wird dadurch in dieser Phase in dem Viertel geringer. Hinzu kommt das Interesse der Makler an dem Viertel aufgrund der Modernisierungen und der dadurch steigenden Bodenpreise, die hohe Profite in der Wohngegend versprechen. In dieser Phase kommt es zum ersten Mal zu Verdrängungsprozessen durch den erhöhten Nachfragedruck: ältere Personen und Haushalte mit niedrigem Einkommen (Alteingesessene) ziehen aufgrund der hohen Mieten aus (THOMAS 2008, S. 24-25). Es entstehen viele neue Geschäfte, Dienstleistungen, gastronomische Betriebe und die Medien werden auf die Veränderungen aufmerksam. Dadurch wird das Gebiet bekannter, Einrichtungen werden als Geheimtipp gehandelt und Gebietsfremde besuchen die neuen Szene-Kneipen in diesem Quartier (KRAJEWSKI 2006, S. 48).

In Anlehnung an FRIEDRICHS (1996) und KRAJEWSKI (2006) wird die dritte Phase als die eigentliche Phase der Gentrifizierung betrachtet. In dieser Phase ziehen vermehrt Gentrifier in das Gebiet und die Veränderungen sind nun so groß, dass sie von allen sozialen Gruppen wahrgenommen werden: die Gentrifier urteilen positiv über den Gebietswandel während Pioniere den Mischverlust und die Aufwertung der Gebäude ablehnen und kritisieren. Dadurch entsteht in dieser Phase ein Konfliktpotenzial, das besonders hoch ist, so dass es zu Auseinandersetzungen zwischen den sozialen Gruppen kommen kann (THOMAS 2008, S. 25). Die Mietpreise für Wohnungen, Büros, Kneipen und Läden steigen in dieser Phase stetig an. Weitere Modernisierungen, aber auch erste Umwandlungen von Miet- in Eigentumswohnungen finden statt, wodurch nun alteingesessene Haushalte und Pioniere ökonomisch aber auch kulturell verdrängt werden. Es gibt vermehrt Boutiquen, Antiquitätengeschäfte und Medienberichte über den Gebietswandel, durch die sich das Image komplett wandelt. Aufgrund dieser Veränderungen, insbesondere in der Öffentlichkeit, steigt die Besucherfrequenz des Viertels enorm an (KRAJEWSKI 2006, S. 48).

In der vierten Phase kommt es zum vermehrten Zuzug von Gentrifiern, statushöherer und einkommensstärkerer Bevölkerung, die sich in dem Gebiet einkaufen. Meist risikoscheue Haushalte mit oder ohne Kinder ziehen in das Gebiet, während die Bodenpreise weiter steigen und immer mehr Gebäude von Investoren gekauft, modernisiert und in Eigentumswohnungen umgewandelt werden (THOMAS 2008, S. 25-26). Die Zahl der Geschäfte und Dienstleistungen, die sich an die neuen Bewohner und Besucher richten, nimmt zu und das Viertel ist nun als gutes Wohngebiet bekannt; der Imagewandel erreicht die allgemeine Öffentlichkeit und die Gebäude gelten als sichere Kapitalanlage (KRAJEWSKI 2006, S. 48). Der Prozess der Verdrängung von Haushalten geht mit dem Wandel einher: durch weitere Mietpreissteigerungen und Umwandlungen von Miet- in Eigentumswohnungen werden die Bewohner fast vollständig zugunsten der Gentrifier verdrängt. Nun sind aber auch diejenigen bedroht, die früher als Gentrifier in das Gebiet gezogen sind (THOMAS 2008, S. 26).

Tabelle 2: Phasenmodell im Gentrifizierungsprozess

	Phase 1	Phase 2	Phase 3	Phase 4
Bevölkerungsstruktur	Pioniere ziehen in das Gebiet: sie suchen eine bunte Mischung und Nähe zum Arbeitsplatz.	Gentrifer ziehen in das Gebiet: sie sind an dauerhaft guter Wohngegend interessiert.	„eigentliche Phase" der Gentrificaton, vermehrter Zuzug von Gentrifiern	Zuzug weiterer Gentrifier, Haushalte kaufen sich im Gebiet ein.
Mietpreise	Vereinzelt finden Modernisierungen statt, die zu leichten Mietpreissteigerungen führen.	zunehmende Modernisierungen, so dass das Gebiet von Maklern/Investoren wahrgenommen wird	weitere Modernisierungen, Mietanstieg, Umwandlungen von Miet- in Eigentumswohnungen	steigende Mieten und vermehrte Umwandlung modernisierter Miet- zu Eigentumswohnungen
funktionale Veränderung	geringe Gebiets-Veränderung	Neue Geschäfte, Gastronomie und Dienstleistungen	Eröffnung vieler neuer hochwertiger Geschäfte	funktionale Einrichtungen an neuen Bewohnern und Besuchern orientiert
Image	keine Imageveränderungen	Wandel wird wahrgenommen: das Gebiet wird bekannter	Medienberichte über den Gebietswandel, Image verbessert sich	Image als gutes Wohngebiet, sichere Kapitalanlage
Verdrängung	keine Verdrängung	Nachfragedruck nach Wohnungen nimmt durch Zuzüge zu, Alteingesessene ziehen weg.	Alteingesessene und Pioniere werden ökonomisch und kulturell verdrängt.	vermehrter Auszug Alteingesessener und Pioniere, erste Verdrängung von Gentrifiern

Quelle: eigene Darstellung, verändert nach KRAJEWSKI (2006), S. 48.

2.2.3 Marktmodell

„Den frühsten Ansatz zu einer analytisch anspruchsvollen Konzeptionalisierung von Gentrification hat NEIL SMITH (1979) mit der 'Rent Gap Theorie' entwickelt" (HELBRECHT 1996, S. 5). Dieses Marktmodell versucht einen Ansatz zu finden, Gentrification von einer

Angebots- und einer Nachfrageseite zu untersuchen. Auf der einen Seite (Nachfrage) stehen die für den Prozess erforderlichen Gentrifier und auf der anderen Seite (Angebot) die Gebäude (FRIEDRICHS 1996, S. 26). „Im Falle der Gentrification erklären Hypothesen der Ökonomie vor allem die Angebotsseite: die Veränderungen des Bodenmarktes und der Grundstücksseite" (FRIEDRICHS 1996, S. 39). Hierbei spielen auf der angebotsorientierten Seite *rent gap* und *value gap* eine bedeutende Rolle.

„Die soziologische Erklärung hingegen richtet sich fast ausschließlich auf Veränderungen der Nachfragergruppen, z.b. der Haushaltstypen sowie deren Optionen und Präferenzen bei der Wohnstandortwahl" (FRIEDRICHS 1996, S. 39). Besonders die Lebensstilforschung steht im engen Bezug zum soziologischen, stadtgeographischen Thema der Gentrification (HEINEBERG 2006, S. 20).

2.2.3.1 Angebotsorientiere Seite

„Der Geschmack von Gentrifiern wird durch die Verfügbarkeit und die Erreichbarkeit attraktiver Wohnungen bestimmt" (DANGSCHAT 1988, S. 285 zit. nach ZUKIN 1987). Das bedeutet, dass bei steigender Nachfrage ein Angebot vorhanden sein muss, das der Nachfrage gerecht wird. An einigen innerstädtischen Wohnstandorten verändert sich das Angebot im Sinne der Gentrification, es fließen Investitionen in einen lang vernachlässigten Wohnsektor.

Überlegungen zur Veränderung des Angebotes gehen auf die *rent-gap* -Theorie zurück (DANGSCHAT 1988, S. 285-286): „Die Veränderungen des Angebots werden durch relative Veränderungen in den Grundstücks- und Gebäudewerten erklärt" (FRIEDRICHS 1996, S. 27). Wenn eine aktuelle Grundrente eines innerstädtischen Grundstücks niedriger ist als die potenziell zu erzielende, die durch eine Nutzungsänderung erreicht werden kann, so kann diese Lücke (*rent gap*) zwischen der aktuellen und der potenziellen Grundrente durch Reinvestitionen geschlossen werden. Es kann dann eine Spirale der Erneuerung entstehen, die wiederum zu einem Anstieg der Grundstückswerte führt und insgesamt eine Aufwertung des Viertels verspricht (KRAJEWSKI 2006, S. 46). „Wenn die Lücke zwischen der aktuellen Grundrente und der potentiellen Grundrente groß genug ist, kann Gentrification als Reinvestitionsprozess in dem innerstädtischen Grundstücksmarkt entstehen" (HELBRECHT 1996, S. 5). Erst eine Entwertung aber schafft die ökonomischen Voraussetzungen dafür, dass Investitionen gewinnbringend werden und eine Gentrifizierung in Gang gesetzt wird (DANGSCHAT 1988, S. 286). Die potenzielle Bodenrente bestimmt sich dementsprechend an der besten und höchsten Nutzung des

Grundstückes, wobei sich hier Schwierigkeiten in der Theorie aufzeigen. Es hängt nicht davon ab, welche Nutzung auf dem Grundstück vorher etabliert war (kann nicht der Maßstab sein), es ist viel wichtiger die Preise an den benachbarten Grundstücken zu messen (FRIEDRICHS 1996, S. 28). Empirische Studien haben allerdings gezeigt, dass das Vorhandensein eines *rent gap* alleine nicht ausreicht, um einen Gentrifizierungsprozess in Gang zu bringen (KRAJEWSKI 2006, S. 46; HELBRECHT 1996, S. 5).

„*'Value gap'* ist die Differenz zwischen dem Investitionswert eines Gebäudes in vermietetem Zustand im Vergleich zum Wert des Gebäudes in nicht mehr vermietetem Zustand" (FRIEDRICHS 1996, S. 28). Die *Value gap*- Theorie, entwickelt von HAMNETT und RUDOLPH (1984), richtet sich auf den veränderten Wert der Wohngebäude. Dabei kann die maximale Rendite nur bei Verkauf eines völlig entmieteten Gebäudes erzielt werden (KRAJEWSKI 2006, S. 46). Ein *Value Gap* basiert also auf dem Wertunterschied zwischen der Kapitalrendite eines in Eigentumswohnungen umgewandelten Mietshauses gegenüber dem jährlichen Einkommen durch Mieteinnahmen. Steigt der Bedarf nach Eigentumswohnungen, so ist die Umwandlung des Wohnraums profitabel (HELBRECHT 1996, S. 6). „In dem Maße, wie sich der Verkaufserlös und der Mieterlös auseinander entwickeln, d.h. der ‚*rent-gap*' entsteht, verbessert sich die Möglichkeit zur Spekulation und zu Gewinnen durch Mieterwechsel oder Umwandlungen von Miet- in Eigentumswohnungen" (DANGSCHAT 1988, S. 286). Diese Theorie enthält die Schwierigkeit, den Verkaufspreis (bei *rent gap* die potenziellen Bodenwerte) zu ermitteln, da auch hier unterschiedliche Formen der neuen Nutzung möglich sind und der Preis auf Spekulation basiert (FRIEDRICHS 1996, S. 29).

Beide Konzepte des Marktmodells sind als problematisch zu sehen, obwohl sie unterschiedliche Sachverhalte (Gebäudewerte vs. Grundstückswerte) zu erklären versuchen. In Anlehnung an CLAY (zit. nach FRIEDRICHS 1996) sei es sinnvoll, beide Forschungsansätze als sich ergänzend zu betrachten; die Berechnung beider Werte (Boden- und Gebäudewerte) also aufeinander zu beziehen (FRIEDRICHS 199, S. 29; DANGSCHAT 1988, S. 286).

Mit jedem Konzept können unterschiedliche Formen der Gentrification erklärt werden: der Ansatz des *rent-gap* kommt zu Tragen, wenn in einem Wohn- bzw. Mischgebiet die Baustrukturen stark heruntergekommen sind, der Ansatz des *value-gap* in einem Gebiet mit schon attraktiver Baustruktur und einer zusätzlich guten Lage, wo sich nach Modernisierungs- und Sanierungsaufwand schnell Käufer für Eigentumswohnungen finden (DANGSCHAT 1988, S. 286).

KRAJEWSKI beschreibt das Marktmodell als unzureichende Erklärung für Gentrification, weil für ihn die Frage offen bleibt, warum einige Viertel aufgewertet werden und andere Viertel von Gentrifizierungsprozessen unbetroffen bleiben. Des Weiteren werde bei diesem Modell der Einfluss des Staates bei Aufwertungsprozesses vernachlässigt (KRAJEWSKI 2006, S. 46-47).

Auch HELBRECHT (1996) sieht den Einfluss des Staates – der oftmals der eigentliche Initiator von Aufwertungsprozessen ist – bei diesem Ansatz stark unterschätzt. Es können vor allem öffentliche Modellprojekte eine Initialzündung für Aufwertungsprozesse sein und Gentrification somit ein in nicht unerheblichem Ausmaß von Planungsausweisungen und Städtebauförderungsmaßnahmen abhängiger Prozess (HELBRECHT 1996, S. 7). Hinzu kommt die staatliche Ausweisung von denkmalgeschützten Gebäuden, die nicht unwesentlich zur Wertsteigerung in einem gentrifizierten Gebiet beiträgt. Zwar werden Denkmalschutzbestimmungen aus Sicht der Eigentümer oftmals als hinderlich angesehen, doch wird somit auch ein gewisser Wert der Gebäude attestiert. Gentrification basiert somit zumindest teilweise auch auf staatlichen Interventionen (HELBRECHT 1996, S. 8).

2.2.3.2 Nachfrageorientierte Erklärungsansätze und der Wandel der Lebensstile

Der nachfrageorientierte Erklärungsansatz erklärt Gentrifizierung in Anlehnung an die sich verändernden soziodemografischen und sozioökonomischen Entwicklungen der letzten Jahrzehnte (KRAJEWSKI 2006, S. 47). Aufgrund der Berücksichtigung von unterschiedlichen Prozessen auf dem Arbeitsmarkt, des Wertewandels und der Herausbildung neuer sozialer Großgruppen basiert der nachfrageorientierte Erklärungsansatz nicht etwa auf einem Theorieverständnis, sondern auf der Betrachtung von Entwicklungen eines umfassenden Strukturwandels. Den Ausgangspunkt bildet die kulturelle Haltung der Gentrifier (HELBRECHT 1996, S. 10-11). Die sich verändernde Nachfrage nach modernisierten, innenstadtnahen Altbauwohnungen entsteht durch eine Zunahme von Haushalten mit neuen Merkmalen: es haben sich Haushalte mit […] "überdurchschnittlichem Einkommen, deren Arbeitsplatz in der Innenstadt ist, deren Lebensstil die räumliche Nähe zu einer vielfältigen Infrastruktur, z.B. Gaststätten, Kinos, Museen, sonstige Freizeiteinrichtungen" ist, herausgebildet (FRIEDRICHS 1996, S. 26). Eine veränderte Nachfrage bedeutet also eine Verschiebung der Prioritäten von Haushalten an Wohnstandorte (DANGSCHAT 1988, S. 282). Infolge des Wandels hat sich also die Anzahl an Haushalten mit anderen kulturellen Haltungen und Konsummustern, an der städtischen Infrastruktur orientierten Lebensstil und dem Wunsch nach urbanem Wohnen deutlich

erhöht (KRAJEWSKI 2006, S. 47). Ursachen für das Entstehen neuer Haushalte sind demografische und ökonomische Gründe, Veränderungen des Lebenszyklus und die Verschiebung der Beschäftigtenstruktur (DANGSCHAT 1988, S. 282-283).
Die Untersuchung von Wohnstandorten gehört zu den Klassikern der Stadtgeographie. Dabei haben sich in den letzten Jahrzehnten Segregationsmuster gezeigt, die resultierend aus verschiedenen Lebensstilen, Geschmackspräferenzen und Konsummustern zu einem wesentlichen Bestandteil der Ausdifferenzierung gehören (HELBRECHT, POHL 1995, S. 222). Gründe für diese Muster sind der demografische Wandel, rückläufige Geburtenraten, gestiegene Scheidungsraten und spätere Eheschließungen. Diese Veränderungen führen zu kleineren Haushalten, die eine zunehmende Nähe zum innerstädtischen Wohnen aufweisen (DANGSCHAT 1988, S. 282). Auch die Bedeutung der sozialen Ungleichheit ist aufgrund des allgemeinen Wohlstandsniveaus gesunken: dabei hat sich nicht etwa die Unterteilung in Gruppen, bezogen auf Einkommen, berufliche Bildung und Prestige verringert, es hat eine Verschiebung der Beschäftigtenstruktur in Großstädten stattgefunden. Mit einer abnehmenden Schichtbildung gehen aber auch Wachstum der persönlichen Freiräume und eine Zunahme der Optionen bei der Lebensgestaltung einher. So hat die Bildung von Lebensstilgruppen zunehmend an Bedeutung gewonnen (HELBRECHT, POHL 1995, S. 226-227). Die Haushalte verfügen über ein höheres Einkommen, haben eine bessere Bildung und Frauen sind stärker berufsorientiert (DANGSCHAT 1988, S. 283).
Lebensstile werden allgemein als strukturierte Muster der Lebensführung gesehen und umfassen das gesamte expressive (Konsumstile, Freizeitverhalten), interaktive (Mediennutzung, Geselligkeit), evaluative (Werte und Einstellungen) und kognitive (Selbstidentifikation, Zugehörigkeit, Wahrnehmung) Verhalten (HELBRECHT, POHL 1995, S. 227).
Besondere Aufmerksamkeit erfährt die Lebensstilforschung daher in dem Themenfeld der Gentrification. Bei der Untersuchung von Stadtteilen fiel auf, dass an dem Prozess der Innenstadtaufwertung neue soziale Gruppen beteiligt sind (HELBRECHT, POHL 1995, S. 233). „Dass das Verständnis der neuen Großgruppenbildungsprozesse ein zentraler Schlüssel für das Verständnis der Gentrification ist, wird nicht bestritten (HELBRECHT, POHL 1995, S. 234), so dass der neuen Bevölkerungsgruppe, den sog. Yuppies, dabei eine besondere Rolle zugeschrieben werden kann. Begleitet wird der Prozess durch zunehmende Akademisierung und eine daraus resultierende neue Berufsstruktur, der dem Dienstleistungssektor zuzuschreiben ist. Dieser konzentriert sich stark auf die Innenstädte, gewinnt rasch an Wachstum (HELBRECHT 1996, S. 11), so dass der wirtschaftliche

Strukturwandel in einem hohen Maße zum Absteigen und zum Aufsteigen von Teilen der Mittelschicht führt.

Veränderte Lebensstile der städtischen Mittelschicht führen zu einer stärkeren innenstadtnahen Wohnstandortpräferenz (NACHTIGALL 2008, S. 22). Gentrifier verbinden mit dem Leben in der Innenstadt Werte eines Gemeinschaftslebens und der sozialen Mischung sowie gegenseitiger Toleranz (HELBRECHT 1996, S. 12), so dass Haushalte mit oder ohne Kinder offenbar darum bemüht sind, einen urbanen Lebensstil zu führen. Daher erleben viele Großstädte eine Renaissance städtischer Lebensformen. Immer mehr, vor allem immer jüngere Menschen, bevölkern alte innerstädtische Wohnquartiere, Altbauwohnungen sind wieder modern, Fassaden werden nicht mehr möglichst praktisch, sondern möglichst schön renoviert und Baulücken werden nicht mehr nur ausgefüllt, Neubauten werden regelrecht gestaltet (HÄUßERMANN, SIEBEL 1987, S. 11).
In Anlehnung an FRIEDRICHS (zit. nach HAMNETT) wird die neue Gruppe, die durch den soziodemografischen und sozioökonomischen Wandel entstanden ist, als Gentrifier (vgl. 2.1.2.2) charakterisiert. Diese Haushalte weisen eine geringe Größe auf, haben ein überdurchschnittliches Einkommen und werden als Yuppies (*young urban professionals*) bezeichnet (KRAJEWSKI 2006, S. 47).
Fasst man die Veränderungen zusammen, so ist der entscheidende Faktor der veränderten Nachfrage ein veränderter Lebensstil aufgrund der Zunahme an Personen mit positiven Einstellungen zu innenstadtnahen Wohnstandorten (DANGSCHAT 1988, S. 284). Im Zusammenhang mit der Zunahme kinderloser Paare steht der Wert der Selbstverwirklichung, die Freiheit zu erhalten, das soziale Umfeld zu wechseln, zu verändern und finanziell unabhängig zu sein, der die Zahl der innerstädtischen Bewohner begünstigt (DANGSCHAT 1988, S. 284). Der Lebensstil der Gentrifier ist zudem konsumorientiert, was sich in der infrastrukturellen Ausstattung und weiterer Handlungsmöglichkeiten des Quartiers äußert (THOMAS 2008, S. 27). Nicht nur die Wohnung ist nach Größe, Ausstattung und Preis Gegenstand des Konsums, sondern auch das Wohnumfeld und die Wohngegend, die als attraktiver Standort in Gebieten hoher Erreichbarkeit geschaffen wird (DANGSCHAT 1998, S. 285).
Das moderne Stadtbild wird demnach nicht mehr von einer Abwanderung einkommensstarker und junger Haushalte der Mittelschicht in einen suburbanen Wohnort geprägt[11], sondern von dem Wunsch in der Stadt zu arbeiten, zu wohnen und seine Freizeit zu gestalten. Durch eine verlängerte Ausbildungsdauer, eine verlängerte Phase der Post-

---

[11] Als suburbs werden Vororte bezeichnet (HEINEBERG 2006, S. 43).

Adoleszenz, eine zunehmende Erwerbstätigkeit der Frauen und eine damit verbundene geringere Bereitschaft zur frühen Familiengründung wird eine Herausbildung städtischer Lebensstile provoziert und erzeugt (NACHTIGALL 2008, S. 22).

2.2.4 Dimensionen nach Krajewski

KRAJEWSKI (2006) stellt in seinen Ausführungen zu urbanen Transformationsprozessen in zentrumsnahen Stadtquartieren einen erweiterten Ansatz zur Erforschung von Gentrification dar. Er geht davon aus, dass eine mehrdimensionale Herangehensweise der Komplexität des Gentrification-Phänomens gerecht wird (KRAJEWSKI 2006, S. 61). Wie in Abb.1 dargestellt, beinhaltet das Modell nicht nur die soziale oder die bauliche Aufwertung eines Gebietes, sondern auch eine funktionale und eine übergeordnete symbolische Aufwertung:

1. Die bauliche Dimension bezieht sich auf die Erneuerung des Gebäude- und Wohnungsbestandes. Diese wird zum größten Teil von privaten Investoren getragen. Dabei handelt es sich nicht nur um eine Bestandssanierung, sondern auch um bauliche Gebietssanierungen und um Neubauten in dem Quartier.
2. Die soziale Dimension beinhaltet den in Kapitel 2.2.1 beschriebenen Austausch der Bevölkerung. Eine veränderte Sozialstruktur ist dabei das Ergebnis dieser Dimension. Durch den Zuzug von bildungs- und einkommenshöheren Bevölkerungsgruppen kommt es zu einem sozialen Aufstieg (auch *upgrading* genannt) für das gesamte Quartier. Dabei gibt es Begleiterscheinungen wie den Fortzug eines Teils der bisherigen Bewohner und die Anwesenheit von Beschäftigten in hochwertigen Dienstleitungsberufen und Städtetouristen.
3. Die Nutzungen in dem Quartier unterliegen ebenso einem Wandel. Mit der funktionalen Dimension wird eine Aufwertung der infrastrukturellen Ausstattung gemeint. Es kommt im Verlauf des Prozesses zu einer Etablierung neuer Nutzungen wie kultureller Einrichtungen, hochwertiger Dienstleistungen, höherwertiger Gastronomie und hochwertiger Einzelhandel.
4. Mit der symbolischen Dimension meint KRAJEWSKI einen komplexen Prozess, an dem mehrere Institutionen wie Politik, Medien oder die Wirtschaft beteiligt sind. „Insbesondere eine veränderte, postmoderne Freizeit- und Konsuminteressen ansprechende Nutzungsstruktur kann […] den Aufstieg zentrumsnaher Stadtquartiere zu Szene- oder In-Vierteln zur Folge haben" (KRAJEWSKI 2006, S. 63). Wird in der Öffentlichkeit und den Medien dann über Veränderungs- und Aufwertungsprozesse

dieser Quartiere gesprochen und berichtet, so kann man von einer symbolischen Aufwertung sprechen (KRAJEWSKI 2006, S. 63-64).

Abb. 1: Dimensionen nach Krajewski

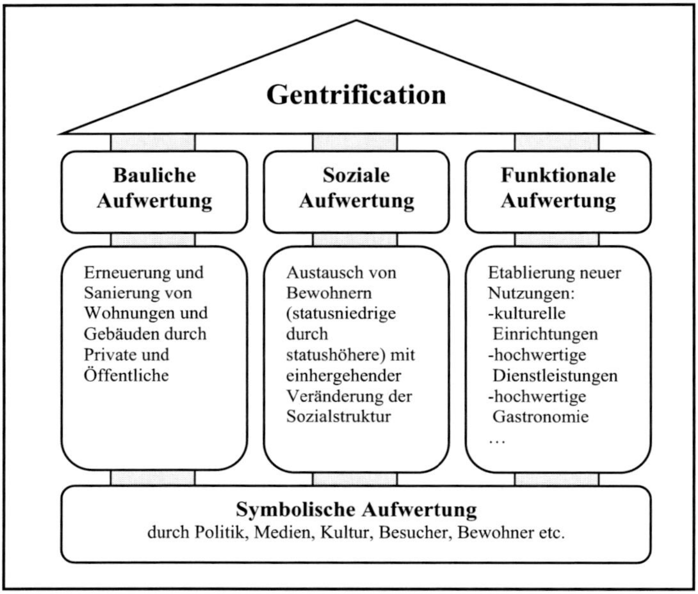

```
                        Gentrification

    Bauliche              Soziale              Funktionale
    Aufwertung            Aufwertung           Aufwertung

  Erneuerung und        Austausch von         Etablierung neuer
  Sanierung von         Bewohnern             Nutzungen:
  Wohnungen und         (statusniedrige       -kulturelle
  Gebäuden durch        durch                 Einrichtungen
  Private und           statushöhere) mit     -hochwertige
  Öffentliche           einhergehender        Dienstleistungen
                        Veränderung der       -hochwertige
                        Sozialstruktur        Gastronomie
                                              …

              Symbolische Aufwertung
   durch Politik, Medien, Kultur, Besucher, Bewohner etc.
```

Quelle: eigene Darstellung nach KRAJEWSKI (2006), S.48.

Das Beispiel der Spandauer Vorstadt in Berlin-Mitte[12] zeigt einen idealtypischen Aufwertungsprozess, der alle Dimensionen beinhaltet. Es fand eine Zunahme von Bewohnern mit Hochschulabschluss und hohem Einkommen statt; eine intensive städtebauliche Erneuerung wertete die Gebäude auf; es bildete sich mit der Zeit ein vitales urbanes Mischgebiet mit citygänzenden Funktionen heraus und die Einzelhandels- und Dienstleitungseinrichtungen verliehen dem Viertel rasch das Image eines Szene-Viertels (KRAJEWSKI 2004, S. 12-13).

Wie KRAJEWSKI (2006) auch beschreibt, ist es an dieser Stelle wichtig, darauf hinzudeuten, dass die Komplexität von Gentrifizierungsprozessen durch die unterschiedlichen

---

[12] Im Zuge der Wiedervereinigung 1990 war die Spandauer Vorstadt aufgrund der großen städtebaulichen Mängel 1993 eines der ersten ausgewiesenen Modernisierungs- und Stadterneuerungsgebiete, die aus den Programmen Städtebaulicher Denkmalschutz und Soziale Stadterneuerung öffentlich gefördert oder von Investoren finanziert wurden (KRAJEWSKI 2004, S. 12).

theoretischen Ansätze nicht hinreichend erklärt werden kann. Gentrifizierung vollzieht sich in Städten niedriger Hierarchie, speziellen Entwicklungspfaden und Besonderheiten, die durch mehrere Fallstudien belegt werden können (KRAJEWSKI 2006, S. 50). Das Problem der Erklärungen resultiert aus einer methodologischen Schwierigkeit (vgl. 2.3.3), da Gentrification einen Wandel der Bevölkerungs- und der Gebäudestruktur umfasst und sich unterschiedliche Erklärungen demnach auf verschiedene Sachverhalte beziehen (FRIEDRICHS 2000, S. 64). „Stadienmodelle bieten oberflächliche Beschreibungen von Gentrification, ohne die dahinter liegenden, komplexeren Wirkungsgefüge zu berücksichtigen" (HELBRECHT 1996, S. 5). HELBRECHT (1996) beschreibt den Prozess der Produktion von Gentrification als einen aus einer Vielzahl von Einflüssen entwickelten Kausalgefüge. Eine Zurückführung auf rein ökonomische Prozesse des Boden- und Wohnungsmarktes sei ebenso unbefriedigend wie handlungsorientierte Erklärungsansätze, die die Gentrificationsforschung damit als komplexes Forschungsfeld definieren (HELBRECHT 1996, S. 12-13).

2.3 Formen der Gentrification

Nicht alle Prozesse der innerstädtischen Aufwertung können als Gentrification bezeichnet werden. Innerstädtische Aufwertungsprozesse besitzen unterschiedliche Merkmale, so dass sich generell zwei Formen, das *incumbent upgrading* und die eigentliche Gentrification, unterscheiden lassen.

Klar ist, dass Gentrification vorwiegend in jenen Gebieten stattfindet, die zentrumsnah liegen, gut erreichbar sind und für die ein hoher Anteil an Altbauwohnungen, die sich ursprünglich in einem schlechten Zustand befanden, typisch ist (THOMAS 2008, S. 20). Gentrification ist jedoch nur in einigen wenigen Wohnblöcken beobachtbar, wohingegen die langsamere und gleichmäßige, von den Bewohnern des Gebietes ausgehenden Wiederaufwertungen, die als *incumbent upgrading* bezeichnet werden, in der Regel in größeren reinen Wohngebieten stattfinden.

Die Unterscheidung richtet sich auf den Auslöser der Aufwertung: demnach kann die Aufwertung zum Einen durch die Investitionen der Eigentümer der Wohngebäude und zum Anderen durch das Eindringen statushöherer Bevölkerungsgruppen in das Wohnviertel erfolgen (THOMAS 2008, S. 21).

2.3.1 Incumbent Upgrading

Die endogene Aufwertung wird als *incumbent upgrading* bezeichnet. Damit wird eine Aufwertung (*upgrading*) bezeichnet, die durch die in dem Wohnviertel ansässigen Bewohner und Hausbesitzer (*incumbents*) getragen wird und somit auch an den finanziellen Mitteln und Möglichkeiten der Bewohner orientiert ist (FRIEDRICH 2000, S. 35). Das Wohngebiet, das relativ groß ist und eine geringe Bevölkerungsdichte aufweist, erfährt meist eine kleine sozialstrukturelle Veränderung. Haushalte mittleren Einkommens mit Familien und Ältere werden langsam durch junge Familien ersetzt. Konflikte der Nachbarschaft, Finanziers oder Administrationen gegenüber, entstehen eher selten und unterschiedlich intensiv. Das betroffene Viertel liegt vom CBD weiter entfernt als die innenstadtnahen Wohngebiete bei dem Gentrifizierungsprozess. Die Mehrfamilienhäuser weisen eine Baustruktur der 1950/60er Jahre auf. Insgesamt verläuft der Prozess langsam, weinig intensiv und gleichmäßig (KRAJEWSKI 2006, S. 39-40).

Incumbent upgrading wird von DANGSCHAT (1988) zitiert nach CLAY (1997) definiert als: „The major nature of this process is that physical improvement by imcumbent residents takes place at a substantial rate with no significant change in the socioeconomic status or characteristics of the population. The lower- or working-class ambience of the neighbourhood is not changed and the physical investments reflect greater confidence on the part of owner-investors in the neighbourhood" (DANGSCHAT 1988, S. 274).

Eine empirische Studie von WEISKE (1996) zu zwei Stadtteilen in Erfurt beschreibt die endogene Aufwertung im Andreasviertel als einen Aufwertungsprozess, der auf der Initiative der Ansässigen, vor allem der Hausbesitzer, fußt und nicht zwangsläufig zu Verdrängungen führt. Der Prozess in diesem Wohngebiet verläuft gleichmäßig, langsam und ohne Konflikte (WEISKE 1996, S. 226).

2.3.2 Gentrification

Die exogene Aufwertung – kurz Gentrifizierung – ist ein durch Initiativen (Investoren und Planungsbehören von außen) getragener Prozess (FRIEDRICH 2000, S. 35). Hierbei handelt es sich um ein an Gewinnerwartungen geknüpftes Aufwertungskonzept, das sich an den Wünschen und Ansprüchen der neuen Bewohner und an den Planungsbehörden orientiert. Im Laufe der Entwicklung entstehen in diesem innerstädtischen, relativ kleinen Gebiet[13] mit architektonisch interessanten Ein- bis Zweifamilienhäusern neue Geschäfte. Es werden

---

[13] Das Gebiet ist oftmals so klein, so dass es auch als Wohnblock bezeichnet werden kann.

nach und nach Investitionen in das Wohnumfeld getätigt, so dass sich die Mieten und Bodenpreise erhöhen. Auffallend ist ein starker Anstieg der oberen Mittelschicht (*yuppies*) zugunsten Armer, Alter und der Mittelschicht in diesem Gebiet. Die Haushalte in einem gentrifizierten Mischgebiet, die durch den Invasions-Sukzessions-Zyklus ausgetauscht wurden, sind meist kleine, junge, kinderlose und oder ledige Ein- bis Mehrpersonenhaushalte (Pionierhaushalte).

Durch eine starke - auch sichtbare - Veränderung können in der Regel im Prozess der Gentrifizierung intensive Konflikte zwischen den in dem Gebiet bereits Wohnenden und den 'Invasoren' entstehen, die durch konfliktmoderierende Potentiale gehemmt werden müssen.

Die Gebäude weisen gründerzeitliche Bauformen auf (Ende des 19./Anfang des 20. Jh.), der Prozess der Gentrifizierung verläuft schnell, intensiv und in Schüben (KRAJEWSKI 2006, S. 39).

Ausgewertete Paradebeispiele für diesen Prozess wären das innenstadtnahe Viertel Prenzlauer Berg in Berlin-Mitte, das Schanzenviertel in Hamburg, die von KÜPPERS (1996) betrachtete Südstadt in Köln, jüngst auch die untersuchte Spandauer Vorstadt und Rosenthaler Vorstadt in Berlin (KRAJEWSKI 2006) oder die Studie von WEISKE (1996) über ein innenstadtnahes Gebiet in Erfurt, die Ostvorstadt. KÜPPERS beschreibt die Ostvorstadt als ein schon immer mobiles Viertel mit dauernder Zu- und Abwanderung und hoher Fluktuationsrate. Die Ostvorstadt ist der Eingang zur Stadt, weil sich viele Neuankömmlinge in diesem Viertel für einige Zeit ansiedeln, bevor sie es wieder verlassen. Die Investoren und die neuen Hausbesetzer kommen vor allem von außen in das Gebiet und das Tempo und die Intensität des Aufwertungsprozesses verlaufen sehr schnell in Schüben. Die Ostvorstadt entspricht dem Prototyp von Stadtvierteln, den es in vielen Städten gibt, wo sich Gentrification vollzieht (WEISKE 1996, S. 222-226).

Obwohl sich die Prozesse voneinander unterscheiden, ist eine gewisse Abhängigkeit untereinander erkennbar, aus der sich zwei Typen ergeben: DANGSCHAT (1988) spricht zum einen von einer *spot gentrification*, bei der eine von den Bewohnern bewirkte Aufwertung zu einer in einigen Wohnblocks einsetzenden Gentrification führt und zum anderen von einem *fringe upgrading*, bei dem am Rand eines Gentrificationgebietes die Eigentümer und Bewohner ihre Häuser und Wohnungen durch eigene Initiative halten bzw. steigern und ihre Wohngegend nicht verlassen (DANGSCHAT 1988, S. 274).

Tabelle 3: Eigenschaften von *incumbent upgrading* und Gentrification

Eigenschaften	incumbent upgrading	Gentrification
Initiative	geht von Bewohnern aus	geht von Investoren/Planungsbehörden aus
Orientierung	an finanziellen Mitteln der Bewohner	an Gewinnerwartungen, Ansprüchen neuer Bewohner
Funktionale Dimension		
Nutzung	keine/kaum veränderte Infrastruktur	Entstehung neuer Geschäfte, Freizeitangebote etc.
Investitionen	keine/kaum öffentliche Investitionen	Investitionen in Wohnumfeld, Ausstattung der Wohnungen
Gebietscharakter	Wohngebiet	Mischgebiet
Soziale Dimension		
Sozialstruktur	Geringe Veränderungen	starke Veränderungen (Yuppies)
Sozialstatus/ Einkommen	untere Mittelschicht, hoher Arbeiteranteil	Rückgang Armer zugunsten der höhere Mittelschicht
Haushalte	Familien mit Kindern	kleine, junge Haushalte, meist ohne Kinder und oft ledig
Konflikte	Nachbarschaft gegenüber Finanziers, unterschiedlich intensiv, aber geringer	intensive Konflikte zwischen Invasoren und Alteingesessenen
Bauliche Dimension		
Baualter	1950/60er Jahre	Ende 19./Anfang 20. Jh.
Bauform	Ein- und Zweifamilienhäuser	architektonisch interessante Gebäude
Bevölkerungsdichte	relativ niedrige Dichte	höhere Dichte
Lage	entfernter vom CBD	innenstadtnah
Gebietsgröße	Groß	klein (oft nur blockweise)
Dynamik	langsamer Prozess, gleichmäßig	schneller, intensiver Prozess, in Schüben

Quelle: eigene Darstellung nach KRAJEWSKI (2006), S. 39.

2.3.3 Zwischenfazit: Probleme in der Gentrifikationsforschung

„Gentrifizierung findet nach bisherigen Erkenntnissen in Wohngebieten statt, die durch die Kombination folgender Merkmale gekennzeichnet sind: nahe zum Stadtzentrum gelegen, um 1900 errichtete (in USA: viktorianische) attraktive Wohngebäude, schlechter Zustand der Gebäude, niedrige Bodenpreise und niedrige Mieten, statusniedrige Bewohner; in einigen Fällen ist das Wohngebiet für Sanierungsmaßnahmen vorgesehen oder bereits ein förmlich festgelegtes Sanierungsgebiet" (FRIEDRICHS 2000, S. 59). Allerdings besteht ein Problem bei der Auswahl der Gentrifizierungsgebiete (auch innerhalb einer Stadt), denn dafür fehlt es an einer genauen Definition (vgl. 2.1). Es werden oftmals Gebiete ausgewählt, von denen Forscher/innen vermuten, sie unterlägen einem Prozess der

Gentrification, doch können diese ebenso in anderen Wohngebieten der Stadt beobachtet werden (FRIEDRICHS 2000, S. 63). Ein anderes Problem, neben einer theoretisch erklärenden Ebene, ist das der Methodologie in der Forschung: eine unklare Definition, eine zu komplexe Dichte des Prozesses und zu heterogene Erklärungsansätze haben verhindert, zu einer stringenten Explikation zu gelangen (FRIEDRICHS, KECSKES 1996, S. 7). Das Problem der Erklärungen resultiert aus der methodologischen Schwierigkeit, dass sich komplexe Prozesse nur schwierig umfassend erklären lassen (FRIEDRICHS 2000, S. 64). Die zu beschreibende Entwicklung umfasst nicht nur einen Wandel der Bevölkerungs- und Gebäudestruktur, sondern auch verschiedene gesellschaftliche Wandlungsprozesse, die viele unterschiedliche Erklärungen aufweisen (FRIEDRICHS 2000, S. 64). Konzepte und Erklärungsmodelle der Gentrifikationsforschung nicht mehr unabhängig voneinander zu betrachten, einen integrierten Ansatz zu finden, gilt zwar als eine Lösung für das generelle Problem, doch lassen sich gerade solche Ansätze nur schwer in der empirischen Forschungspraxis umsetzen (HILL, WIEST 2004, S. 29). Gentrification ist zudem als Prozess zu sehen, nicht nur als Momentaufnahme. Die Abbildung von Trends und zeitlichen Entwicklungslinien stellt jedoch zusätzlich hohe Anforderungen an das Forschungsdesign in der Gentrifikationsforschung (ROHLINGER 1990, S. 231).

Wie schon erwähnt, steckt in dem Begriff Gentrification nicht nur der Aspekt der Modernisierung, sondern auch der der Verdrängung (vgl. 3.1), das Phänomen der Aufwertung von Bausubstanz, Hypothesen über die Menschen hinter der Fassade, Lebens- und Konsumstile (vgl. 2.2.3.2) und vieles mehr (ROHLINGER 1990, S. 232). Gentrifizierung aus unterschiedlichen Blickwinkeln zu betrachten ist daher sehr wichtig, allerdings auch sehr schwierig. So sollten einerseits Personen mit ihren Eigenschaften und andererseits Gebäude und ihre Merkmale getrennt voneinander erhoben werden (THOMAS 2008, S. 14 zit. nach ROHLINGER 1990).

Insgesamt hängen jedoch auch der Beginn und die Intensität von Gentrifizierung in einem städtischen Teilgebiet von ökonomischen und technologischen Entwicklungen auf internationaler, nationaler und regionaler Ebene ab. Wohnungsbaupolitik, der regionale Wohnungsmarkt, aber auch regionale Planung, verschiedene Nachfragemuster oder Bevölkerungszusammensetzungen sind für den Prozess ausschlaggebend und beeinflussen den Aufwertungskontext in erheblichem Maße (BLASIUS, DANGSCHAT 1990, S. 17-18). Gentrification umfasst Aspekte gesellschaftlicher, ökonomischer und politischer Modernisierung, die wiederum durch soziale, ökonomische und politische Rahmenbedingungen auf unterschiedlichen Ebenen beeinflusst werden. Will man alle parallelen Prozesse zum Gegenstand der Theorie machen, so wird Gentrification zu einem chaotischen Konzept, wie es bereits oftmals in der Literatur beschrieben wurde (THOMAS 2008, S. 14; ALISCH, DANGSCHAT 1996, S. 95; ROHLINGER 1990, S. 233 zit. nach BEAUREGARD 1986). ALISCH und DANGSCHAT (1996) zeigen auf, dass es wichtig sei, Gentrification als eine Zuspitzung der Modernisierung in Zeit und Ort zu interpretieren, um das chaotische Konzept zu begreifen und ein Verständnis für die Modernisierung zu bekommen (ALISCH, DANGSCHAT 1996, S. 95). Die Gentrifikationsforschung, die durch die britische Soziologin Ruth Glass geprägt wurde, ist in England, Amerika und Deutschland ebenso in mehreren Aspekten nicht miteinander zu vergleichen oder aufeinander aufzubauen: die Entstehung des Diskurses in England z.b. ist mit der dort noch stark ausgeprägten Trennung zwischen Klassen verknüpft und besitzt deswegen auch ein viel sensibleres politisches Thema als in Deutschland (BRECKNER 2010, S. 27). London z.b. ist zudem aufgrund der vielfältigen, international nachgefragten Arbeitsangebote schon lange ein bevorzugter Wohnstandort mit hoher Nachfrage und hohen Mietpreisen. In Deutschland – vor allem in Berlin, Frankfurt und Hamburg – entwickelte sich der Gentrifikationsdiskurs ab Mitte der 1970er Jahre in Form von Hausbesetzungen und/oder Bürgerinitiativen gegen Gentrifizierung zu Großprojekten, die den Zuzug gut bezahlter Bevölkerungsgruppen und Revitalisierungsmaßnahmen der Innenstädte sogar unterstützen (BRECKNER 2010, S. 28). „Schon eine simple Übertragung von Erscheinungsformen des Gentrifikationsprozesses in den Vereinigten Staaten auf andere Länder, darunter die Bundesrepublik, verbietet sich, da die Ausgangsbedingungen andere sind" (ROHLINGER 1990, S. 249). Mietgesetze, Eigentumserwerb, Bausubstanz und soziale Mietpreisbindung, die Entwicklungen auf dem Arbeitsmarkt, Veränderungen der Haushaltsstruktur hängen von dem Entwicklungsstand der Gesellschaften ab und basieren auf Differenzierungsprozessen, die nicht einfach miteinander verglichen werden können (ROHLINGER 1990, S. 249). Genauer hat FRIEDRICHS (1996) die Generalisierbarkeit nordamerikanischer Studien untersucht und kam auch zu dem Ergebnis, dass eine Übertragbarkeit auf deutsche innenstadtnahe Wohngebiete nicht übernommen werden kann; auch wenn der Prozess zwar zeitverzögernd, aber im Wesentlichen in gleicher Form stattfindet: ein Unterschied liegt in der Struktur der Bausubstanz, da es sich bei nordamerikanischen fast ausschließlich um zweigeschossige Gebäude handelt. Der Eigentümeranteil ist wesentlich höher und Gentrification verläuft rascher, weil weniger Haushalte beteiligt sind. Die Rahmenbedingungen im Wohnungsmarkt sind sehr unterschiedlich, denn während es in Deutschland Mieterschutz und einen immer noch hohen Anteil öffentlich geförderter Wohnungen gibt, kann der Prozess in Nordamerika ohne diese Grundlagen viel schneller verlaufen. Ein weiterer Unterschied liegt in denen am Prozess beteiligten Akteuren. Während bei außenstehenden Akteuren in Deutschland meist die Kommunen als Investoren auftreten, so sind es in Nordamerika mehr private Unternehmen, die auf dem Wohnungsmarkt miteinander konkurrieren (FRIEDRICHS 1996, S. 36-38).

KRAJEWSKI (2006) hat hinsichtlich der methodologischen Problematik jüngst mit seinem erweitertem Ansatz zur Erforschung von Gentrifizierung aufgezeigt, dass ein Untersuchungsdesign erforderlich ist, das auf einer Verknüpfung verschiedener Methoden (Methodenmix) basiert, um alle verschieden Dimensionen (vgl. 2.2.4) von Gentrification analysieren zu können (KRAJEWSKI 2006, S. 64).

Die Ausführungen zu den Problemen in der Gentrifikationsforschung sollen aufzeigen, dass die Analyseformen von Gentrification noch nicht vollends ausgereift sind. „Die Tatsache, dass mehrschichtige Prozesse unter dem Begriff Gentrification zusammengefasst werden, müsse nicht notwendigerweise bedeuten, dass es auch einen geschlossenen Kausalzusammenhang und damit ein Erklärungsschema hierfür gebe" (HELBRECHT 1996, S. 10). HELBRECHT (1996), zit. nach BEAUREGARD (1990), zeigt auf, dass Untersuchungen mit Hilfe eines Methodenmixes belegt haben, dass den Akteuren im Grundstücksmarkt eine ebenso entscheidende Rolle zugeschrieben werden kann wie individuellen Planungsentscheidungen bis hin zu individuellen Haushalten und dass somit bedeutende Auswirkungen auf die Form, Geschwindigkeit und Ausdehnung von Gentrification bestehen können (HELBRECHT 1996, S. 10). Mit diesem Aspekt soll darauf aufmerksam gemacht werden, dass Gentrification immer eine stadtteilbezogene Entwicklung ist, die sogar innerhalb einer Stadt in Abhängigkeit von den beteiligten Akteuren deutlich variieren kann (HELBRECHT 1996, S. 10).

2.3.4 Methoden und Indikatoren zur Messung von Gentrification

Um die verschiedenen Gentrifikationsdimensionen analysieren zu können, kommen unterschiedliche Untersuchungsdesigns in Frage, die kurz erläutert werden sollen.

„Qualitative Methoden haben gerade in der sozialwissenschaftlichen Stadtforschung eine lange Tradition" (ALISCH, ZUM FELDE 1990, S. 283), sie wurden jedoch zurückgedrängt, weil sich ein Empirieverständnis mit Hilfe von ausgeweiteter maschineller Datenverarbeitung durchsetzte, das komplexe Modelle auf der Basis von einer hohen Zahl an Befragten einsetzbar machte (ALISCH, ZUM FELDE 1990, S. 283).

Interviews werden deswegen oft im Rahmen eines Methodenmixes eingesetzt, fungieren aber auch als eigenständiges Verfahren (MEUSER, NAGEL 2003, S. 57). Mit dem Interview werden Daten erhoben, die das Produkt verbaler Kommunikation sind. Sie werden mittels moderner Aufzeichnungstechniken festgehalten und transkribiert, so dass der entstehende Text dem tatsächlichen Interviewverlauf gerecht wird.

Das Experteninterview ist eine qualitative Erhebungsmethode, die mit Hilfe von ausgewählten Experten insbesondere dazu dienen kann, Kontextwissen zu ermitteln, Erkenntnisse zu vervollständigen und Wissens- oder Materiallücken zu schließen. Vor allem aber sind durch diese Methode auch innere Zusammenhänge und die Funktion beteiligter Systeme auf die verschiedenen Aufwertungsdimensionen ausfindig zu machen (KRAJEWSKI 2006, S. 73-74).

Ist die allgemeine Datengrundlage eines untersuchten Gebietes allerdings so ausreichend, dass Vergleiche und Veränderungen mit einem neuen Forschungsstand angestellt und aufgezeigt werden können, so können die Dimensionen der Gentrifizierung aus dem Kontext heraus als eigenständiger unabhängiger Untersuchungsgegenstand betrachtet werden. Für jede Dimension kann dann eine zusätzliche Methode angewandt werden (vgl. Tab. 4).

Die bauliche und funktionale Aufwertung mit Hilfe einer Nutzungskartierung untersucht werden. Dabei wird eine an Hausnummern orientierte Kartierung der Gebäudenutzungen erstellt und auf einer Katasterkarte eingetragen. Im Rahmen einer Nutzungskartierung können Variablen wie Baustil, Gebäudezustand (meist Grobeinschätzungen) und Nutzungsformen erhoben werden, die sich wiederum in Einzelhandel, Dienstleistungen, Leerstände und sonstige gliedern lassen (KRAJEWSKI 2006, S. 66-67). Eine bauliche Aufwertung kann mit Hilfe einer Kartierung den Stand der Sanierungen/Stadterneuerung in den innenstadtnahen Wohnvierteln darstellen. Auch der funktionale Aspekt kann durch eine Kartierung aufgezeigt werden: ein Wandel von Nutzungen und Veränderungen in der Dichte der Nutzungen können ein Indiz darauf geben können, dass Veränderungen stattgefunden haben. Besteht keine vergleichbare Datenbasis an Kartierungsmaterial, so können zusätzlich andere Hilfsmittel herangezogen werden. Adress[14]- und Telefonbücher geben zwar keine bauliche Auskunft über ein Gebäude, dennoch über die Nutzungen der Gebäude. Adressbücher besitzen im Vergleich zu Telefonbüchern Straßenverzeichnisse, so

---

[14] Adressbücher, wurden bis zu dem Zeitraum (1970er Jahre), als Telefone für die breite Öffentlichkeit zugänglich waren, geführt. Diese gliedern sich in ein alphabetisches Verzeichnis und in ein Straßenverzeichnis.

dass die zu untersuchenden Straßen im Gebiet anhand dieses Verzeichnisses herausgesucht werden können. Telefonbücher hingegen müssen im Alphabet von A bis Z nach den angegebenen Straßen erst herausgesucht werden und geben dann immer noch keine Garantie darüber, dass Nutzungen am Ort sind oder waren, da das Telefonbuch keine Verbindlichkeit einer Aufnahme vorschreibt. So gestaltet sich die Arbeit mit den Telefonbüchern als Auswertungsmethode für eine funktionale Aufwertung als eine schwierige und lückenhafte Aufgabe. Adressbücher hingegen geben (lückenhafte) Auskunft über die funktionsräumliche Struktur eines Untersuchungsgebietes.

Die soziale Aufwertungsdimension kann anhand einer quantitativen Erhebungsmethode ausgewertet werden. Mit Hilfe einer standardisierten Befragung der Bewohner im Untersuchungsquartier können Wohn- und Lebensbedingungen unter dem Aufwertungsdruck abgefragt werden (KRAJEWSKI 2006, S. 65). Beinhaltet ein standardisierter Fragebogen Informationen zu Alter, Einkommen, Familienstatus, Mieten, Haushaltsgrößen, Ausbildung, Lebensstilen etc., so können anhand von Vergleichsdaten und vorbereitenden Untersuchungen Veränderungen der Bewohnerschaft in dem Viertel nachgewiesen werden.

Für die symbolische Aufwertung eines innenstadtnahen Wohngebietes kommen weitere sozialwissenschaftliche Erhebungsmethoden in Frage, die von dem zu untersuchten Gebiet, der bisherigen Datengrundlage oder dem Zugang zur Dokumentenanalyse abhängen: eine fotografische Dokumentation, eine Auswertung durch Printmedien, teilnehmende Beobachtung oder die Auswertung von Reiseführern sind Methoden, die hinsichtlich einer symbolischen Aufwertung Auskunft über den Gebietswandel geben können.

Die zu untersuchenden Indikatoren, die Aufschlüsse darüber geben können, ob ein innenstadtnahes Wohngebiet einem Wandel unterliegt oder nicht, sind insgesamt durch unterschiedliche Methoden messbar. Je nach Datengrundlage, Gebietsgröße, Zeit und Dauer der Untersuchung können mehrere Methoden angewendet werden. Wie KRAJEWSKI (2006) aufzeigte, ist ein Methodenmix, der alle Dimensionen abdeckt zwar ein geeignetes Forschungsdesign, jedoch auch stark abhängig von bereits vorbereitenden Untersuchungen, einer guten Datengrundlage und einer langen Auswertungsdauer.

Tabelle 4: Quantitative und qualitative Erhebungsmethoden für Gentrification

Aufwertungs-Dimension	Bauliche Aufwertung	Funktionale Aufwertung	soziale Aufwertung	symbolische Aufwertung
Erhebungsmethode	Interview	Interview	Interview	Interview
	Nutzungskartierung	Nutzungs-Kartierung	standardisierte Befragung	fotografische Dokumentation
		Auswertung von Adress-/Telefon-Büchern	Passantenbefragung	teilnehmende Beobachtung
				Auswertung von Printmedien/Reiseführer

Quelle: eigene Darstellung (2011).

3 DISKUSSION: AUFWERTUNG VS. VERDRÄNGUNG

„In der sozialwissenschaftlichen Fachwelt versteht man unter Gentrifizierung eine allmählich durch Erneuerungsmaßnahmen und/oder Eigentümerwechsel entstehende Dominanz einkommensstarker Haushalte in attraktiven urbanen Wohnlagen zu Lasten von weniger verdienenden Bevölkerungsgruppen" (BRECKNER 2010, S. 27). „Das eigentliche Problem der baulichen und sozialen Aufwertung innenstadtnaher Wohngebiete besteht in der damit einhergehenden Verdrängung einer statusniedrigen durch eine statushöhere Bevölkerung" (ALISCH, ZUM FELDE 1990, S. 277). Mit diesem Prozess gehen oftmals Konflikte, Protestaktionen, Hausbesetzungen, organisierte Mietminderung, politische Demonstrationen oder Vandalismus einher, die sich gegen die Symbole des durchsetzungsstarken Reichtums richten (BRECKNER 2010, S. 27). Es sind vor allem die Pioniere, die sich gegen die Veränderung zur Wehr setzen und Luxusmodernisierungen, spekulativen Leerstand sowie Umwandlungen von Miet- in Eigentumswohnungen bekämpfen (DANGSCHAT 1988, S. 280).

Eine direkte Verdrängung durch z.B. Mieterhöhung findet statt, wenn das Rentenangebot eines Pionier- oder Gentrifierhaushaltes das des bisherigen Mieters in einer Höhe überschreitet, die den Vermieter veranlasst, dem bisherigen Mieterhaushalt zu kündigen (FRIEDRICHS 2000, S. 64). In einem derartigen Entwicklungsstadium ist der Prozess jedoch sehr weit fortgeschritten; die räumliche Vertreibung aus dem Viertel ist dabei sichtbare Folge der Aufwertung (ALISCH, ZUM FELDE 1990, S. 277).

Ein weiteres Problem der Folge von Aufwertung innerstädtischer Bausubstanz ist die damit einhergehende Verknappung und Gefährdung preisgünstigen Wohnens in der Stadt. „In einem gleichmäßig aufgewerteten Wohnungsbestand gibt es nur noch wenig Möglichkeiten für Einkommensschwache und sozial Benachteiligte, sich den Zugang zu günstigen Standorten durch den Verzicht auf Wohnkomfort zu erkaufen" (KREIBICH 1990, S. 65). Neben den negativen Effekten gibt es allerdings auch positive Auswirkungen in innenstadtnahen Lagen: Verhindern der Abwanderung einkommensstarker Bevölkerung, öffentlich induzierte private Reinvestitionen in den Bestand und das Wohnumfeld (BLASIUS, DANGSCHAT 1990, S. 12). So kann die Aufwertung von innerstädtischen Wohngebieten auch als positiver Prozess gesehen werden, der nicht nur in baulicher, funktionaler und symbolischer Sichtweise aufwertet, sondern auch zahlungskräftige und einkommensstarke Bevölkerungsgruppen in die Innenstadt holt. Ergebnis dieser Entwicklung sind statushöhere Haushalte in den Innenstädten, die nicht aus der Stadt abwandern, sondern sich in den Vierteln ansiedeln und so Einnahmen aus der Einkommens-, Lohnsteuer und aus der Gewerbesteuer in der Stadt bleiben (FRIEDRICHS 2000, S. 66). Schon in den 1920er Jahren wurde mit dem Ringzonenmodell von BURGESS (vgl. 2.1.1) mit dem Prozess der Aufwertung in dieser Form etwas Positives gemeint (KREIBICH 1990, S. 51). Gentrification ist ein multidimensionaler Prozess des Wandels von Wohnquartieren, bei dem es über mehrere Jahre zu Entwicklungen kommt, die zu einer Erhöhung der Investitionsfähigkeit der Grundeigentümer, einer baulich-ästhetischen Aufwertung, neuen Infrastrukturen und einem Imagewandel führen kann (GLATTER, KILLISCH 2004, S. 42).

Festzuhalten bleibt: Betroffene fühlen sich von Gentrifizierung existenziell bedroht und Profiteure solcher Prozesse verteidigen ihre damit verbundenen Gewinnerwartungen (BRECKNER 2010, S. 29).

3.1 Verdrängungsmechanismen durch Gentrifikationsprozesse

Gentrification wird insbesondere dann als problematisch eingeschätzt, wenn durch die Umwandlung von Miet- in Eigentumswohnungen preiswerter Wohnraum entzogen oder alteingesessene Bewohnerschaft verdrängt wird (THOMAS 2008, S. 15). Modernisierungsmaßnahmen der Eigentümer und/oder Investoren in innerstädtischen Wohngebieten werden sogar auch als Verdrängung durch Modernisierungsmaßnahmen beschrieben. Davon kann gesprochen werden, wenn der Auszug vollständig oder teilweise auf die Erneuerung zurückzuführen ist, wie z.B. auf eine Mietpreissteigerung, eine

Umwandlung in Eigentumswohnungen oder eine verdrängungsfördernde Aktivität des Eigentümers (WIEßNER 1990, S. 311). Modernisierungen verändern allerdings auch den Wohnungsmarkt in Altbauquartieren. Dabei geht es weniger um die Verbesserung der Ausstattungen als vielmehr um die Entwicklungen der Mieten und Immobilienpreise (WIEßNER 1990, S. 316). Es bildet sich ein „Hochpreisteilmarkt" heraus, der sich räumlich konzentriert, überwiegend in den gründerzeitlichen Wohnhäusern der Jahrhundertwende. Die unmittelbare Konsequenz daraus besteht im Verlust preisgünstigen Wohnraums und den hohen Mieten und Immobilienpreisen (WIEßNER 1990, S. 318-319).

HERFERT (2003) befasste sich in seinen Ausführungen zur Gentrifizierung auch mit der Fragestellung der zunehmenden Verdrängung sozial schwacher Bevölkerungsgruppen aus den innerstädtischen Wohngebieten und einer damit einhergehenden Entmischung und Destabilisierung der Siedlungen. Seine Grundlage bildeten vergleichende Analysen der Großstadtregionen Leipzig, Dresden und Chemnitz (HERFERT 2003, S. 170). „Mit zunehmendem Sanierungsgrad in den Wohnungen stiegen die Fluktuation und der Wechsel der Haushalte rapide an" (HERFERT 2003, S. 174). Extreme Segregationsformen wie *gated comminities* (z.B. Stadvillen) stellen kein Problem dar, doch problematisch wird die soziale Segregation dann, wenn eine räumliche Konzentration sozial schwacher Gruppen stattfindet (HERFERT 2003, S. 182), die durch Gentrification initiiert wird. Während Städte in Europa zwar noch nicht von einer sozialräumlichen Spaltung wie in Amerika (Beispiele: Little Italy, Chinatown etc.) betroffen sind, so stellen Aufwertungsentwicklungen eine Grundlage für zunehmende Tendenzen der Verdrängung dar. Soziale Ausgrenzung in der Stadt und sozialräumliche Polarisierungen sind Prozesse der Marginalisierung[15] eines Teils der städtischen Bevölkerung; wobei soziale und räumliche Isolation heute inmitten eines gesellschaftlichen Wohlstandes stattfinden" (FARWICK 1998, S. 146). Der Grund für die räumliche Verfestigung von Armut wird Verdrängungsmechanismen wie der Aufwertung zugeschrieben: infolge von Modernisierungsmaßnahmen ist nicht nur ein erheblicher Teil des preisgünstigen Wohnens für einkommensschwache Schichten nicht mehr zugänglich, sondern auch der Teilmarkt preisgünstiger Wohnungen durch den Rückzug des Staates verringert (FARWICK 1998, S. 148-150). Ein Teilproblem der Segregationsformen stellt aber auch der Arbeitsmarkt dar. Durch Deindustrialisierung und Tertiärisierung der Beschäftigung kommt es zu einer dualen Qualifikationsstruktur auf dem Arbeitsmarkt: einerseits nimmt im wachsenden Dienstleistungsbereich die Zahl der hochqualifizierten Tätigkeiten in Dienstleistungen wie EDV, Werbung, Marketing, Kommunikations- und

---

[15] Marginalisierung bezeichnet einen Prozess, in dem Teile der Gesellschaft zu Randgruppen werden.

Unterhaltungsindustrie zu und andererseits wächst die Zahl der Tätigkeiten, für die nur niedrige Qualifikationen verlangt werden und die deshalb auch niedrig bezahlt werden. Diese Entwicklungen haben ein polares Wachstum zur Folge (HÄUßERMANN 1998, S. 137). Damit wird die Kluft der Bevölkerungsgruppen in ökonomischer Sicht vergrößert.

Eine weitere Ursache, die schon zu Beginn erwähnt wurde, ist die Wohnungspolitik. Seit den 1970er Jahren ist die Tendenz, die Wohnungsversorgung stärker den Marktmechanismen zu überlassen, immer deutlicher geworden. Das Motto ist Versorgung über den Markt – Ausgleich durch Wohngeld. Durch die Marktmechanismen wie Abbruch, Modernisierung und Zusammenlegung geht das preiswerte Segment an Wohnungen verloren und Teile der innerstädtischen Altbaugebiete erleben eine soziale Umwälzung. Durch den Prozess der Gentrification werden preiswerte Altbaubestände in ein anders Marktsegment überführt, so dass eine stärkere räumliche Konzentration von Haushalten mit geringer Kaufkraft sichtbar wird und sich eine Polarisierung der sozialräumlichen Struktur in den Städten verfestigt (HÄUßERMANN 1998, S. 137). Für die Konkurrenz auf dem innerstädtischen Wohnungsmarkt ist das ökonomische Kapital das primäre Merkmal, kulturelles und soziales Kapital wirken sich dennoch sekundär aus (DANGSCHAT 1990, S. 84). „Wenn Sozialwissenschaftler dazu neigen, Gentrification als 'das' Problem der Entwicklung der Innenstädte zu bezeichnen, dann u. a. deshalb, weil der sich vollziehende Wandel vermutlich nicht mehr umkehrbar ist. […] Gentrification ist daher ein Beispiel für das Auseinanderdriften der Gesellschaft, […] das zu unüberbrückbaren sozialen und kulturellen Differenzen führen kann und damit den Zusammenhalt der (städtischen) Gesellschaft nachhaltig bedroht" (BLASIUS, DANGSCHAT 1990, S. 29). Als negativ zu bewerten ist der beschriebene Prozess, der mit der Verdrängung alteingesessener Bewohner einhergeht, also dann, wenn es zu einer Entwurzelung der Bewohner kommt und sich Verdrängung nicht nur an Orten vollzieht, wo aufgrund leerstehender Wohnungen ein Nutzungsvakuum entsteht, sondern auch in jenen Wohngebieten auftritt, wo keine Nachfrage erkennbar ist und somit Alteingesessene zur Mobilität gezwungen werden (THOMAS 2008, S. 16).

Abbildung 2: Verdrängungsspirale der Gentrification

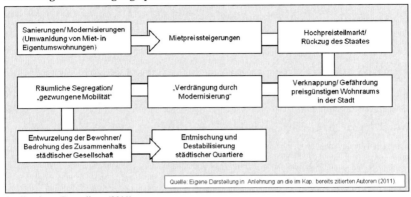

Quelle: eigene Darstellung (2011).

3.2 Aufwertung durch Gentrification – Stärkung der Innenstädte

„Zweifellos können auch positive Effekte auftreten, wenn z.B. die Abwanderung einkommensstarker Bevölkerungsgruppen verhindert wird" (THOMAS 2008, S. 15). Wie schon in 2.2.3.2 beschrieben wurde, gibt es Faktoren, die die Nachfrage nach innerstädtischen Wohnstandorten neu belebt haben: der Rückgang der Haushaltsgröße und die Herausbildung neuer Lebensstile (z.b. das Zusammenleben auf Zeit, das frühere Ausscheiden aus dem elterlichen Haushalt etc.) (KREIBICH 1990, S. 64). „Eine Ursache für die Aufwertungsprozesse ist – neben gestiegenen Renditeerwartungen im innenstadtnahen Altbaubestand und einer zunehmenden Standortbedeutung der Innenstädte – die deutlich angestiegene Nachfrage nach innenstadtnahem Wohnraum" (DANGSCHAT 1990, S. 69). Das war allerdings nicht immer so: die Städte, insbesondere die innenstadtnahen Wohnviertel, galten bis in die 1970er Jahre hinein als ungeeignete Lebensumwelt für Kinder, der durchschnittliche Raumbedarf erhöhte sich und es setzte der Prozess der Suburbanisierung ein. Das bedeutet, dass das primäre Ziel der Haushalte zugunsten eines Eigenheims im Grünen lag und viele Familien an den Stadtrand zogen. Das Ergebnis dieser Wanderungen in den Innenstädten waren leerstehende Wohnungen, offenstehende Arbeitsplätze und eine Bevölkerungsstruktur, die als ungesund empfunden wurde, denn zurück blieben Alte und Arme (BLASIUS, DANGSCHAT 1990, S. 13-14).

Aufgrund der sich ausweitenden Berufe in den Dienstleistungsbereichen entstand eine neue Einkommensschicht mit jungen, karriereorientierten Haushalten, von denen die innenstadtnahen Wohngebiete, in die lange nicht mehr investiert wurde, wieder entdeckt wurden (BLASIUS, DANGSCHAT 1990, S. 20-21). Eine attraktive Architektur, eine gute Ausstattung und eine hohe Erreichbarkeit machen diese Gebiete zum idealen Standort für kinderarme Reiche, die diese Quartiere wieder beleben (DANGSCHAT 1990, S. 89). „Aus der wachstumsorientierten Sicht der Stadtökonomie wird dieser Wandel begrüßt und unterstützt, weil er privates Investitionskapital in stagnierende Teile des Stadtgebietes lenkt und weil zugleich die Kaufkraft der innerstädtischen Bevölkerung ansteigt" (HÄUßERMANN 1990, S. 35). So wird den sozialen Gruppen, die die wichtigsten Träger der Gentrifizierung sind, für die ökonomische Zukunft der Städte eine wichtige Rolle zugeschrieben (HÄUßERMANN 1990, S. 38). KRAJEWSKI (2006) zeigte in seiner Untersuchung zu Berlin, dass sich in den zwei Berliner Stadtteilen[16] nicht nur bauliche Aufwertungsprozesse vollzogen, sondern auch ein deutlich sichtbarer Wandel der Ausstattung mit Einzelhandels- und Dienstleistungseinrichtungen, der den betroffenen Quartieren rasch das Image von Szene-Vierteln verlieh (KRAJEWSKI 2006, S. 312-313). Die Spandauer Vorstadt hat seit 1990 nicht nur eine intensive städtebauliche Erneuerung, sondern auch eine funktionale Aufwertung zu einem attraktiven Stadtraum für Bewohner und Besucher erfahren. Begleitet werden diese Aufwertungsprozesse von einer sozialen Aufwertung durch hohe Bevölkerungsmobilität, ohne dass eine flächendeckende Verdrängung stattfindet. In diesem Beispiel kann nach KRAJEWSKI (2006) von einer sanften, sensiblen Gentrification gesprochen werden, da kein vollständiger Verdrängungsprozess stattfindet (KRAJEWSKI 2004, S. 13). In den Aufzeichnungen von GLATTER und KILLISCH (2004) zur Gentrifizierung in Dresden wird angegeben, dass sich im Jahr 2002 bereits 79% der Wohnungen in der Dresdner Äußeren Neustadt (Untersuchungsgebiet) in einem voll- oder teilsanierten Zustand befanden und die Infrastruktur einen Wandel hinsichtlich der Ausstattung der Einzelhandels- und Gastronomieeinrichtungen durchlebte. Es überwiegen Kneipen, Cafés, Musik- und Bekleidungsgeschäfte, die in ihrer Vielfalt unterschiedliche Gruppen und Szenen ansprechen. Das Ergebnis des intensiven Bevölkerungsaustausches war die Verjüngung der Bevölkerungsstruktur (der Anteil der Bevölkerung ab 45 Jahre ging von 1993 bis 2001 von 27% auf 18% zurück) und eine deutliche Erhöhung des Bildungsgrades. Weitere positive Veränderungen waren eine durchschnittliche Zunahme der Haushaltseinkommen und der Wandel des Images von einem Viertel der Verlierer zu dem eines Szeneviertels (GLATTER, KILLISCH 2004, S. 46-53). An dieser Stelle seien nur einige wenige Beispiele für Gentrifizierung anzuführen, um deutlich zu machen, dass Gentrification positive Auswirkungen auf die Gebäude- und Wohnungsbestände, auf die

---

[16] Das Untersuchungsgebiet war die Spandauer Vorstadt und die Rosenthaler Vorstadt in Berlin.

funktionalen Einrichtungen, die Bevölkerungszusammensetzung und das Gebietsimage haben kann.

Des Weiteren ist Gentrification als positiv zu bewerten, wenn durch einen normalen Bevölkerungsaustausch eine neue Durchmischung der Bewohnerschaft mit Chancen für eine Regenerierung des Quartiers gegeben ist und Anreize für den Einsatz privater Investitionen durch die Bewohner initiiert werden (THOMAS 2008, S. 15-16). Gentrification ist also ein Prozess, der positive Aspekte wie Modernisierungen und Aufwertungen, aber auch Verdrängungsmechanismen innehat. Negative Begleiterscheinungen können im Verlauf eines Austausches nicht ausgeschlossen werden.

Abbildung 3: Aufwertung durch Gentrification

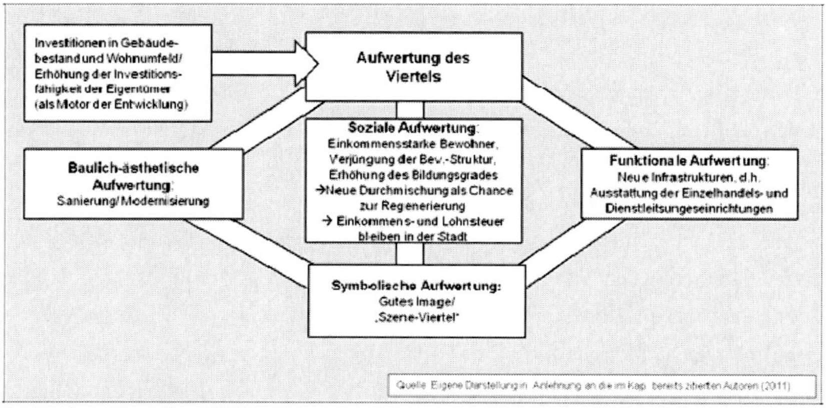

```
┌─────────────────────┐
│ Investitionen in Gebäude-│
│ bestand und Wohnumfeld/ │────▶  ┌──────────────────┐
│ Erhöhung der Investitions-│     │ Aufwertung des   │
│ fähigkeit der Eigentümer │     │ Viertels         │
│ (als Motor der Entwicklung)│    └──────────────────┘
└─────────────────────┘
                    ┌────────────────────────────┐
                    │ Soziale Aufwertung:         │
┌──────────────┐    │ Einkommensstarke Bewohner,  │   ┌──────────────────┐
│ Baulich-ästhetische│ Verjüngung der Bev.-Struktur,│  │ Funktionale Aufwertung:│
│ Aufwertung:   │    │ Erhöhung des Bildungsgrades │   │ Neue Infrastrukturen, d.h.│
│ Sanierung/Modernisierung│→Neue Durchmischung als Chance│ Ausstattung der Einzelhandels- und│
└──────────────┘    │ zur Regenerierung           │   │ Dienstleistungseinrichtungen│
                    │ → Einkommens- und Lohnsteuer│   └──────────────────┘
                    │ bleiben in der Stadt        │
                    └────────────────────────────┘
                         ┌──────────────────┐
                         │ Symbolische Aufwertung:│
                         │ Gutes Image/       │
                         │ „Szene-Viertel"    │
                         └──────────────────┘

Quelle: Eigene Darstellung in Anlehnung an die im Kap. bereits zitierten Autoren (2011)
```

Quelle: eigene Darstellung (2011).

4 ZWISCHENFAZIT

Schon seit Mitte der 1980er Jahre hat sich in der Gentrifikationsforschung ein breiter Konsens durchgesetzt, Phänomene sozialräumlicher Differenzierung nicht auf Grundlage eines einzigen theoretischen Zugangs erklären zu können, sondern alle Perspektiven von Kultur, Konsum, Nachfrage und Ökonomie aufeinander zu beziehen und „als sich ergänzend" zu betrachten (HILL, WIEST 2004, S. 29). „Gleichzeitig steht in aktuellen Forschungsarbeiten weniger die Suche nach generalisierbaren Verläufen und Ursachen für Gentrification im Vordergrund, sondern vielmehr die Frage nach individuellen Ausprägungen von Gentrifikationsphänomenen, lokalen bzw. nationalen Besonderheiten und den mit der Gebietsaufwertung verbundenen konkreten Folgen für die Stadtgesellschaft" (HILL, WIEST 2004, S. 29). Betrachtet man vorliegende Forschungsergebnisse, so wird schnell deutlich, dass trotz ihrer Fülle eine Reihe von grundlegenden Lücken, sowohl auf der theoretisch erklärenden Ebene als auch auf der empirischen Ebene, vorhanden sind (FRIEDRICHS, KECSKES 1996, S. 7). Besonders schwierig gestaltet sich eine Gegenüberstellung der angloamerikanischen und der deutschen Gentrifikationsforschung. Die deutsche Forschung legt noch immer einen Schwerpunkt auf die Suche nach generalisierbaren Modellen und richtet ihr Augenmerk vor allem auf den sozialen Wandel von Wohnquartieren, der in der Regel mit Hilfe von Phasenmodellen beschrieben wird. Empirische Studien haben jedoch deutlich gemacht, dass Aufwertungsprozesse sehr unterschiedlich verlaufen können und eine genaue Übertragung der theoretischen Modelle auf die urbane Wirklichkeit nicht stattfinden kann. Des Weiteren bleiben der Einfluss der Planungspraxis, strukturelle Veränderungen in Arbeits- und Wohnungsmärkten und der kulturelle Wertewandel in den Zyklen- und Phasenmodellen, wie dem Doppelten Invasions-Sukzessions-Zyklus (vgl. 2.2.1), unberücksichtigt (HILL, WIEST 2004, S. 29-30).

„Gentrification, die Aufwertung innenstadtnaher Wohngebiete, ist wie jeder Prozess mit herkömmlichen empirischen Mitteln nur schwer zu fassen" (KECSKES 1996, S.55). Das bedeutet, dass der Forschung ein exaktes theoretisches Konzept zur allgemeinen Analyse sozialer Prozesse fehlt. KRAJEWSKI (2006) führte erstmals eine Längsschnittanalyse in zwei Stadtteilen in Berlin durch, um die nach der Wende erfolgten Gentrifizierungserscheinungen in Ostberlin sowohl in ihrer baulichen als auch in ihrer sozialen und funktionalen Dimension als Prozess (nicht als Zustand) in geeigneten Gebieten theoretisch zu erfassen. Der Ansatz zur Analyse der unterschiedlichen Gentrifizierungsdimensionen erforderte eine Kombination verschiedener empirischer Methoden (KRAJEWSKI 2006, S. 65), die über mehrere Jahre durchgeführt wurden.

Ein wichtiger Aspekt, der in den Ausführungen bisher fast unbeachtet blieb, ist ein Vergleich der westdeutschen und ostdeutschen Städteentwicklungen. In ostdeutschen Städten waren erst im Zuge der Wiedervereinigung mit dem Übergang zum marktwirtschaftlich organisierten Wohnungswesen die Rahmenbedingungen für Gentrifizierungsmaßnahmen geschaffen. Im Zuge beginnender Sanierungstätigkeiten nach 1990 setzte in Ostdeutschland eine Neubewertung von Altbauquartieren ein, infolgedessen Aufwertungsprozesse angestoßen wurden (KRAJEWSKI 2006, S. 51-52). Aufgrund der speziellen Ausgangsbedingungen konnten in den Städten der ehemaligen DDR Prozesse aus westlichen Städten nicht ohne weiteres auf die neuartige Situation in den neuen Bundesländern übertragen werden. Während Gentrifizierungserscheinungen im Westen schon beobachtbar waren, war der Altbaubestand im Osten der BRD durch eine andauernde Vernachlässigung der historischen Bausubstanz geprägt (WIEST 1997, S. 11). Bis zur Mitte der 1990er Jahre wurde vielfach zwar die These aufgestellt, dass sich ostdeutsche Städte in einem nachholenden Prozess befinden (also Gentrifizierungs- und Segregationsprozesse ähnlich wie in westdeutschen Städten verlaufen), doch ostdeutsche Städte mehr in Richtung eines eigenständigen und transformationsbedingten Sonderweges gehen (HILL, WIEST 2004, S. 26).

Beachtet man die verschiedenen Entwicklungen in der Bundesrepublik Deutschland, die unterschiedlichen Definitionsversuche, das Problem der Klassifikation der beteiligten Akteuren bis hin zu verschiedenen Erklärungsmodellen der Gentrification in der Theorie nicht, ist der beschriebene Prozess trotzdem ein lebendiger, dynamischer und sich wandelnder Verlauf, der beachtlichen Diskussionsbedarf (durch Verdrängungsmechanismen und als Prozess an sich) auslöste, auslöst und weiterhin auslösen wird – nicht nur im stadtgeographischem Diskurs, sondern auch in der breiten Öffentlichkeit. Beispiele für Verdrängungsmechanismen werden besonders stark durch die Medien deutlich, da besonders hier ein verzweifelter Hilferuf der Gegner von Getrification wahrgenommen wird. Ob Videos, Internetseiten oder Zeitungsartikel: man findet immer häufiger Überschriften wie „Mietwahnsinn stoppen", „Die Stadt als Beute" oder auch „Demonstranten protestieren gegen zu hohe Mieten – nackt". „Um gegen hohe Mieten zu demonstrieren, strippen Berliner Gentrifizierungsgegner bei Wohnungsbesichtigungen" (SCHRENK 2010, S. 30), so in der Neon[17] beschrieben. Zahlreiche Seiten im Internet, wie http://esregnetkaviar.de/ (ein Aktionsnetzwerk gegen Gentrification) und http://www.rechtaufstadt.net/ findet man sehr schnell nach einem Klick auf der Suche nach Gentrfizierung. Zum Beispiel ist "'Recht auf Stadt' (RaS) ein Netzwerk aus 44 Hamburger Initiativen, die sich für bezahlbaren Wohnraum, städtische Freiräume, die Erhaltung von öffentlichen Grünflächen und eine wirklich demokratische Stadt einsetzen; für das Recht auf Stadt für alle BewohnerInnen – gegen Gentrification" […] (http://www.rechtaufstadt.net/, Aufruf: 14.04.2011).

---

[17] Jungableger des Magazins "Der Stern".

5 UNTERSUCHUNGSGEGENSTAND UND METHODIK

Der Untersuchungsraum der vorliegenden Arbeit ist ein innenstadtnahes Wohngebiet in der Universitätsstadt Gießen, das sog. Universitätsviertel. Im Folgenden soll ein kleiner historischer Abriss einen Einblick in die Geschichte der Stadt Gießen geben, gefolgt von einer genaueren Eingrenzung und Beschreibung des Untersuchungsgebietes mit einem Straßenverzeichnis und einer Karte zur Veranschaulichung.

5.1 Universitätsstadt Gießen

Als ‚Universitäts- und Gartenstadt' bezeichnete sich die ‚Großherzoglich Oberhessische' Metropole Gießen vor noch langer Zeit (LANG 1993, S. 8). Gießen war ein idyllisches kleines Städtchen, mit engen Gassen, repräsentativer Bebauung der Gründerzeit und einer um 1607 gegründeten Universität. Im Jahr 1879 entsteht das Universitätsgebäude in der Ludwigstraße, das heute als Universitätshauptgebäude bekannt ist (LANG 1993, S. 8). Im Jahr 1993 war Gießen als Universitätsstadt, in der Justus von Liebig bis 1852 lehrte, mit der größten Studentendichte in Deutschland, 29.000 Studenten in einer Stadt mit rund 80.000 Einwohnern, bekannt (LANG 1993, S. 8). Die Justus Liebig Universität Gießen (bis 1946 Ludwigs- Universität) weist eine über 375 Jahre lange Geschichte auf (MORAW 1990, S. 3) und deckt nahezu das gesamte Spektrum der geistes- und naturwissenschaftlichen Themen ab. Zusammen mit der Technischen Hochschule Mittelhessen bildet die Universität rund 31.000 Studierende aus. Die zentrale geographische Lage und die optimale Verkehrsanbindung der Stadt locken viele Veranstalter in die Stadt und mit sogar rund 870.000 Kunden im Einzugsbereich gehört Gießen zu einer bedeutenden Einkaufsstadt in Deutschland (http://www.giessen.de/index.phtml?mNavID=684.33&sNavID=684.33&La=1, 29.06.2011).

Gießen weist heute (Statistischer Jahresbericht der Stadt Gießen von 2009) eine Fläche von knapp 7.300 ha auf, wovon über 3.000 ha auf die Innenstadt fallen (CRAMER 2009, S. 2). Die Einwohnerzahl (Bevölkerung mit Hauptwohnsitz) stieg in den letzten Jahren auf 76.090 Einwohner an (Stand: 31.12.2009), wobei die Geschlechterverteilung bei 52% weiblichen Personen und 48% männlichen Personen liegt. Bei den Altersgruppen wird eine deutliche Zunahme und Überrepräsentation der Bevölkerung von 18 bis 34 Jahren (CRAMER 2009, S. 6-9) sichtbar, was an der hohen Quote der Studierenden liegen könnte.

5.2 Universitätsviertel der Stadt Gießen

„Im Laufe des 19. Jahrhunderts, am Anfang des 20. Jahrhunderts […] entstanden außerhalb des historisch gewachsenen, spätmittelalterlichen Stadtkerns […] neue Stadtquartiere. Die Stadterweiterungen erfolgten in planmäßigen Schüben, die der Vorgründerzeit und der Gründerzeit zugeteilt werden können" (LANG 1993, S. 120) (vgl. Abb. 4).

Abbildung 4: Ausschnitt des Universitätsviertels aus Siedlungsentwicklung der Stadt Gießen

Quelle: Stadtplanungsamt Gießen (Stand: Februar 2011).

Eine große planmäßige Stadterweiterung nach 1880 war das Universitätsviertel (vgl. Abb. 5), das heute als Gesamtanlage unter Denkmalschutz steht (LANG 1993, S. 8). Das großflächige Gebiet umfasst das als Kerngebiet durch regelmäßige Straßenraster und dichte Parzellierung[18] erschlossene Viertel um das Universitätshauptgebäude (LANG 1993, S. 122). Während der Schwerpunkt des Stadtausbaus ab 1860 im Universitätsviertel, im Osten und Südosten der Stadt lag, erfolgte seit Ende der 1870er Jahre ein Bauboom des Gießener Bürgertums (BRAKE, KLINKEL 1998, S. 45). Entlang der Universitätsstraße, der heutigen Liebigstraße, und der Frankfurter Straße entstanden bis in die 1840er Jahre Wohnhäuser des gehobenen Bürgertums, besonders von Professoren. Ein auch heute noch sichtbarer Eingriff in die Struktur des damals bevorzugten Wohngebietes brachte der Bau des Bahnhofes (1852/53) und so auch der Bau der Bahnstrecke Richtung Fulda (1869), deren Trasse das Universitätsviertel quer durchschneidet (LANG 1993, S. 120). Ab den

---

[18] Parzellierung ist die Aufteilung eines Grundstücks in mehrere Teile.

späten 1870er Jahre entstand nach und nach die planmäßige Erschließung des Universitätsgebietes entlang der neu geschaffenen Hauptachse, der Ludwigstraße, die in den 1880er und 1890er Jahren ihren Höhepunkt erreichte (LANG 1993, S. 120-121). Parallel zur Hauptachse, verlaufen die Lonystraße und die Stephanstraße. Die Bleich-, Goethe-, Bismarck- und Gartenstraße bilden die im rechten Winkel verlaufenden Querstraßen, die auf die Südanlage treffen, die auch den nördlichen Abschluss der Gesamtanlage bildet. Südöstlich der Stephanstraße reichen die Lessing-, Goethe-, Bismarck- und Keplerstraße in einem Bogen bis hin zur Gnauthstraße bzw. dem Nahrungsberg. Südwestlich schließt sich ein von der Alicenstraße erschlossenes Gebiet an, das im Nordwesten bis zur Frankfurter Straße und im Südwesten zur Trasse der Bahnstrecken reicht. Das Gebiet des oberen Universitätsviertels, welches direkt hinter der Bahntrasse beginnt, ist durch eine lockerere Bebauung gekennzeichnet und von Nordosten nach Südwesten stark ansteigend. Zwei parallel geführte Straßen, die Liebig- und die Wilhelmstraße, reichen bis zur Frankfurter Straße, die den Abschluss der Gesamtanlage Universitätsviertel bilden (LANG 1993, S. 122).

Das als Gesamtanlage geplante Universitätsviertel befindet sich in dem von der Statistikstelle der Stadt Gießen bezeichneten Bereich der Innenstadt (CRAMER 2009, S. 25), wobei der statistische Bezirk 16 komplett in das Untersuchungsgebiet fällt, die Bezirke 15 und 17 nur blockweise. Die Einwohnerzahl des Untersuchungsgebietes beträgt insgesamt 4.977 Einwohner, die sich in ungefähr 1.000 Haushalte aufteilen. Betrachtet wird eine Fläche von ca. 50ha und über 500 Flurstücke (Errechnungen und Informationen aus dem Vermessungsamt der Stadt Gießen, Stand: März 2011). Die Bebauung in diesem Quartier zeichnet sich durch eine dichte Straßenrandbebauung aus.

Viele der in diesem Viertel stehenden Gebäude wurden um die Jahrhundertwende errichtet und weisen eine architektonisch attraktive und deswegen auch baulich-hochwertige Gestalt auf. Besonderes Augenmerk ist dabei auf die Ludwigstraße und ihre Fassaden zu werfen, dabei können viele aus der Antike entlehnte, klassizistische Motive in der Architektur des 19. Jahrhunderts entdeckt werden (RECKE 2003, S. 30). Da die Gießener Innenstadt im 2.Weltkrieg stark zerstört wurde, liegen bei weitem die meisten Denkmäler im Bereich des Universitätsviertels. Deswegen sind im ganzen Viertel zwischen Südanlage und Ludwigstraße viele gründerzeitliche Bauten erhalten, die die Kriegszerstörungen von 1944 weitgehend unbeschädigt überstanden haben.

In der Bebauungsstruktur heben sich die Wohnanlage am Aulweg und die in der Liebigstraße deutlich von der im restlichen Universitätsviertel ab. Insgesamt 94

Wohnungen wurden in den Jahren 1927 bis 1929 auf einem zuvor unbebauten Areal errichtet (Bestand: Aulweg 26-44 und Liebigstraße 99-107) (LANG 1993, S. 274). „Sie zeigen durch die Betonung der Horizontalen und Vertikalen charakteristische Gestaltungsmerkmale der 1920er Jahre und setzen sich damit bewusst von der angrenzenden Bebauung der Gründerzeit und des Jugendstils in der Liebigstraße und am Riegelpfad ab" (LANG 1993, S. 274-275). Auch die Wohnanlage in der Welckerstraße, ein ungleichmäßiges Areal, hat drei unterschiedliche Teilensembles, die als Gesamtanlage ebenfalls Kulturdenkmal sind (LANG 1993, S. 277). Die Gesamtanlage Gnauthstraße, die im Bogen parallel zur Bahnstrecke verläuft, wurde wegen einer Wohnungsknappheit nach dem 1. Weltkrieg errichtet und weist Formen des Jugend- und Landhausstils auf. Diese Gesamtanlagen in der Stadterweiterungszone nach 1880 fallen allerdings nicht ins Untersuchungsgebiet, so dass eine kurze Aufführung an dieser Stelle genügt.

Die Zusammensetzung der Bewohnerschaft war schon immer sehr studentisch geprägt. Die Wohnungsgrößen, die Innenstadtnähe und die Universitätsnähe sind besonders für junge Menschen sehr verlockend und die Wohnungen zeichnen dich durch viele kleine Zimmer aus, die sich gerade für Wohngemeinschaften gut eignen.

Des Weiteren befindet sich das Gebiet nahe zum Stadtzentrum, zum Bahnhof und zur Universität. Die Hauptachse, Ludwigstraße, ist bekannt als die Kneipenmeile von Gießen, die immer wieder junges Publikum anzieht und dem Viertel auf diese Weise ein lebendiges Etikett anheftet.

Die Ausstattung des Viertels mit infrastrukturellen Einrichtungen kann als relativ flächendeckend bezeichnet werden. Viele Dienstleistungen haben sich in dem innenstadtnahen Wohngebiet durch die gute Lage etabliert, wodurch der Ruf des Viertels weitestgehend als sehr gut bezeichnet werden kann (vgl. Auswahl an Experteninterviews 2011). Die in das Untersuchungsgebiet fallenden Straßen und Hausnummern werden in folgender Tabelle (vgl. Tab. 5) aufgeführt:

Tabelle 5: Straßenverzeichnis des Untersuchungsgebietes

	Straße	Hausnummer
1.	Wilhelmstraße	1-47
2.	Ebelstraße	2-18
3.	Gnauthstraße	1-27
4.	Nahrungsberg	30-70
5.	Gartenstraße	10-30
6.	Ludwigsplatz	11,12,13
7.	Berliner Platz	-
8.	Südanlage	4-24
9.	Frankfurter Straße	1-21
10.	Liebigstraße	20-66; 31-73
11.	Riegelpfad	2-58
12.	Alicenstraße	16-48; 27-43
13.	Bleichstraße	6-48; 3-37
14.	Goethestraße	12-64; 19-71
15.	Bismarkstraße	Alle
16.	Ludwigstraße	6-74; 3-67
17.	Bruchstraße	Alle
18.	Stephanstraße	Alle
19.	Lessingstraße	Alle
20.	Henselstraße	Alle
21.	Keplerstraße	Alle
22.	Löberstraße	Alle
23.	Lonystraße	Alle

Quelle: Eigene Darstellung (2011).

Abbildung 5: Universitätsviertel der Stadt Gießen, 2009

Quelle: Stadtplanungsamt Gießen (2009): Stadtplan der Stadt Gießen.

Anzumerken ist, dass das Viertel nicht allgemein als Universitätsviertel bekannt ist, weil der Quartiersname in der Wahrnehmung der Gießener Bevölkerung nicht verankert ist. Weitere Informationen zum Universitätsviertel Gießen können an dieser Stelle nicht aufgeführt werden, da die Recherche über das Viertel ergab, dass dieses ein bisher noch unerforschtes Gebiet zu sein scheint. Im Analyseteil der Arbeit (vgl. 6) wird das Viertel hinsichtlich der Bewohnerschaft, des baulichen Zustandes, der infrastrukturellen Ausstattung und der symbolischen Bedeutung näher beschrieben und die Ergebnisse der Untersuchung ausgewertet und analysiert.

5.3 Methodik

Da Gentrification ein allumfassendes und komplexes Phänomen ist, die Analyseformen zur Erfassung der ablaufenden Prozesse noch nicht vollends ausgereift sind (vgl. 2.3.3) und das Universitätsviertel bisher unerforscht zu sein scheint, ist das methodische Vorgehen der vorliegenden Gentrifikationsanalyse von großer Bedeutung für den Untersuchungsgegenstand.

5.3.1 Auswahl der Methoden und der Forschungsablauf

Ausgehend von den methodologischen Problemen in der Gentrifikationsforschung (vgl. 2.3.3) war es zunächst schwierig, geeignete Methoden für eine Untersuchung in Gießen zu finden, die eine Veränderung in sozialer, baulicher, funktionaler und symbolischer Sicht aufzeigen, da es keine vorangegangenen Untersuchungen zu der Stadt Gießen in diesem Kontext – insbesondere dem Universitätsviertel mit dem Thema Aufwertung – gibt. Von besonderer Bedeutung waren daher die umfassenden Informationen, die zu Beginn der Arbeit im Rahmen von Gesprächen mit Zuständigen des Stadtplanungsamtes Gießen, der Statistikstelle Gießen und dem Stadtarchiv über das Untersuchungsgebiet und seine Eigenschaften gewonnen werden konnten (vgl. 5.2). Vor dem Hintergrund dieser Datengrundlage konnten nach und nach verschiedene Methoden identifiziert werden, die sich für eine Analyse von Gentrifizierungsprozessen im Universitätsviertel der Stadt Gießen eignen.

Dabei konnte festgestellt werden, dass sich ein Methodenmix nach KRAJEWSKI (2006) z.B. nur bedingt als Grundlage für eine vergleichende Untersuchung des Universitätsviertel eignet (KRAJEWSKI 2006, S. 65). KRAJEWSKI (2006) plante, untersuchte und bearbeitete sein Untersuchungsgebiet über die Jahre in Verbindung mit Lehrveranstaltungen, so dass mit vielen Zeitreihen eine umfassende Datengrundlage eine gute Voraussetzung für vergleichende mittel- und langfristige Untersuchungen gelegt wurde. Aufbauend auf diesen Vorbereitungen war es ihm möglich, Gentrification nicht als Zustand, sondern als Prozess in jeder der von ihm definierten Dimension des Gentrifikationsprozesses messen zu können (vgl. 2.2.4).

Des Weiteren existiert das Universitätsviertel bei den Ämtern als solches nicht[19], weshalb zum einen die Abgrenzung des Untersuchungsgebietes, zum anderen aber auch die mangelnde Verfügbarkeit zusammenhängender Datensätze im Vorfeld der Untersuchung Probleme darstellten. In Zusammenarbeit mit der Statistikstelle Gießen und dem Vermessungsamt konnten jedoch Bevölkerungszahlen und die Größe des Bereiches errechnet werden (vgl. 5.2).

Für die unterschiedlichen Aufwertungsdimensionen und ihre Messbarkeit entstanden im Laufe der Zeit neue Ideen, die Gentrification nicht als Primärstudie, sondern als Prozess untersuchen:

➢ Baulich:

Da für eine bauliche Untersuchung keinerlei Gebäudekartierungen oder Sanierungserhebungen bestanden, die Auskunft über den Stand der Sanierungen und der Gebäude liefern konnten, wurden im Rahmen der vorliegenden Arbeit neben umfassende Kartierungen zu verschiedenen Themenbereichen auch aktuelle eigene Fotos und Aufnahmen der Unteren Denkmalschutzbehörde der Stadt Gießen als ergänzende Untersuchungsmethode mit in den Methodenmix aufgenommen. Besonders die Gebäudekartierungen können dabei Aufschluss darüber geben, wie sich die aktuellen baulichen Strukturen zusammensetzen und welchen Zustand die Gebäude aufweisen (vgl. Anhang D: Karte 3, Anhang E: Karte 4). Die fotografische Dokumentation gibt Aufschluss über den Sanierungsgrad und die Modernisierungen gründerzeitlicher Wohngebäude und ihre Aufwertungstendenzen.

➢ Funktional:

Die funktionale Dimension wird anhand einer Nutzungskartierung (Stand: Mai 2011) und einer Adressbuchauswertung aus den 1970er Jahren (lückenhaft) untersucht. Anhand dieser Kartierungen können die aktuellen Gebäudenutzungen sowie der Zustand und das Alter der

---

[19] Die Stadt Gießen wird in statistische Bezirke eingeteilt, die eine Grundlage für alle Untersuchungen der Stadt bilden.

Gebäude (als Primärerhebung) dargestellt werden und als Grundlage für zukünftige Kartierungen und Vergleiche dienen (vgl. Anhang B: Karte 1, Anhang C: Karte 2).

> Symbolisch und Sozial:

Für die symbolische und soziale Aufwertungsdimension sind vorwiegend leitfadengestützte Experteninterviews durchgeführt worden (vgl. 5.3.2), da zu dem Untersuchungsgebiet keine Bevölkerungsstrukturerhebungen oder andere Sozialstrukturdaten vorlagen, die eine Untersuchung der Veränderung von Bevölkerungsstrukturen im Gentrifizierungskontext (Bevölkerungsaustausch) (vgl. 2.2.1) ermöglicht hätten.

5.3.2 Methodenmix für das Universitätsviertel Gießen

Die wichtigste und somit auch primäre Untersuchungsmethode dieser Arbeit sind neben den Kartierungen leitfadengestützte Experteninterviews, durch die alle Dimensionen der Gentrification weitestgehend abgefragt werden konnten. Insgesamt kann dennoch von einem Methodenmix gesprochen werden, da quantitative und qualitative Methoden in dem Untersuchungsgebiet ergänzend angewandt werden.

Leitfadengestützte Experteninterviews

Ein Interview ist dadurch motiviert, dass der Interviewer versucht, beim Befragten Äußerungen über etwas hervorzulocken, das in der Interviewersituation selbst nicht präsent ist. Dies ist eine Form verbalen Kommunizierens, in welcher dem Interviewten die Aufgabe zukommt, Ereignisse, Erfahrungen, Handlungen und Wissen zu rekonstruieren. Dabei wird vorausgesetzt, dass der Interviewer bei der Auswahl der zu Befragenden darauf achtet, dass sie zum jeweiligen Thema in einer für das gegebene Forschungsinteresse relevanten Beziehung stehen. Die Auswahl der Personen, die in der Forschungspraxis als Experten interviewt werden, folgt oft keinen klaren und definierten Kriterien. Expertenwissen ist ein Sonderwissen, das eng mit Berufsrollen, aber auch in zunehmendem Maße in außerberuflichen Kontexten verknüpft ist. Die Auswertung von Expertenwissen zielt darauf ab, im Vergleich der Interviews überindividuell-gemeinsame Wissensbestände herauszuarbeiten (MEUSER, NAGEL 2003, S. 57-58). Um allerdings das Wissen miteinander vergleichen und ergänzen zu können, ist es besonders wichtig, nicht nur die gleichen Fragen zu stellen, sondern eine Art Leitfaden aufzubauen, auf den sich der Interviewer, aber auch der Interviewte während der Befragung stützen kann. „Interviews, die leitfadengesteuert, angelegt sind, bewirken eine mittlere Strukturierungsqualität sowohl auf Seiten des Interviewten wie auch auf Seiten des Interviewers" (MAROTZKI 2003, S. 114). Leitfadengespräche haben den Vorteil, dass die Gesprächsführung und die Erweiterung der Antwortspielräume offen gestaltet sind, so dass auch der Bezugsrahmen des Befragten bei der Fragenbeantwortung miterfasst werden kann (SCHNELL, HILL, ESSER 2008, S. 387).

Das Leitfadengestützte Interview für die Untersuchung in Gießen beinhaltet ein kurzes Exposé über die Untersuchung und einen inhaltlich kurz gehaltenen Abriss über den Prozess der Gentrifizierung. Ausgehend von einer unterschiedlich intensiven Zusammenarbeit mit den Interviewpartner im Vorfeld der Analyse, war es notwendig, kurz vor den Interviews einen kleinen Überblick über die Thematik zu verschaffen, um inhaltlichen Missverständnissen vorzubeugen. Das Anschreiben beinhaltete zusätzlich eine Karte des Untersuchungsgebietes (vgl. Anhang A: Karte Universitätsviertel) und den Interviewleitfaden einschließlich der Fragen. Da sich die Experten hinsichtlich des Alters und der Berufe unterscheiden, sind das Verständnis und der Bezugsrahmen zu Gentrifizierung dementsprechend unterschiedlich und die Vorarbeit über das Wissen zu der Thematik umso wichtiger. Der Leitfaden dient dazu, einen Überblick über die Aufwertungsdimensionen während der Fragesituation zu behalten, um sich dann auf die teil-standardisierten Fragen zu konzentrieren.

Die Fragen sind dementsprechend in Kategorien nach den Aufwertungsdimensionen der Gentrification unterteilt, um sicherzustellen, dass jeder Indikator berücksichtigt wird und die Interviewpartner einer klaren Strukturierung im doch so chaotischen Konzept der Gentrifizierung folgen kann. Alle Experten bekommen die gleichen Fragen gestellt, womit eine Vergleichbarkeit angestrebt wird; sie bekommen dennoch auch wegen der persönlich-individuell verschiedenen Kontextbasis die Möglichkeit, einige Aspekte unter Sonstiges darzulegen, die aus ihren Erfahrungen und der Lebensrealität resultieren. Diese Aussagen können auf diese Weise mit in die Untersuchung einbezogen werden. Auch wenn im Verlauf des Interviews einige neue bedeutsame Aspekte für die Themenstellung zur Sprache kommen, können diese durch spontan formulierte Fragen vertieft werden. Auf diese Weise können zusätzliche Themen herausgefiltert werden, die bei der Konzeption eines Leitfadens nicht antizipiert wurden (MEUSER, NAGEL 1991, S. 441-443). Der Termin für die Interviews wurde mit den Experten telefonisch vereinbart, erfolgte in den meisten Fällen an dem Arbeitsplatz des Interviewten und dauerte durchschnittlich 30 Minuten. Während des Interviews wurden die Worte der Experten auf Tonband aufgezeichnet.

Anschließend wurde das Interview schriftlich ausgewertet, überarbeitet und in den Ergebnisteil eingearbeitet. Für die Auswertung der Ergebnisse waren lediglich die inhaltlichen Aspekte der Aussagen wichtig, weshalb diese niedergeschrieben wurden.

Die Auswahl der Experten für die Interviews erfolgte nach einigen zuvor festgelegten Kriterien. Ziel der Auswahl war es einerseits Experten unterschiedlichen Alters und andererseits verschiedener beruflicher Hintergründe zu finden. Somit wurden eine hohe Altersspanne der Experten und unterschiedliche berufliche Sichtweisen zu der Thematik angestrebt, um den Prozess weitestgehend aus allen Blickwinkeln zu durchleuchten. Der Hintergrund dieser Auswahl ist somit ein besonders wichtiger für die Befragung: wenn Experten unterschiedlichen Alters zu dem Untersuchungsgebiet befragt werden, so können auch Informationen über einen Wandel durch den Vergleich der Aussagen hergeleitet werden. Die verschiedenen beruflichen Hintergründe der Experten dienen einem unterschiedlich intensiven Austausch zu den einzelnen Befragungsdimensionen. Während ein alteingesessener Bewohner des Viertels mehr zu seinem eigenem Wohnumfeld und den Personen in dem Quartier sagen kann, so können stadtplanerische Sichtweisen für funktionale oder bauliche Aspekte hilfreicher sein. Der befragte Personenkreis umfasste insgesamt Personen, die über einen privilegierten Zugang zu Informationen verfügen und durch ihre berufliche Tätigkeit und ihr persönliches Interesse mit dem Untersuchungsgebiet vertraut sind. Das persönliche Interesse meint einen besonderen Bezugsrahmen zu dem Untersuchungsgebiet, einen individuell-persönlichen und privaten Hintergrund. Ziel war es Experten zu befragen, die ihre Kindheit, Jugend und/oder die Berufsbildung in Gießen genossen haben, damit auch private Ereignisse mit in die Untersuchung eingebaut werden können. Dieses „alteingesessene Expertenwissen" stellt eine zusätzliche Informationsquelle für den Ergebnisteil dieser Arbeit dar.

Durch die verschiedenen Dimensionen der Gentrification (vgl. 2.2.4), die den Prozess zu einem umfassenden politischen, gesellschaftlichen und ökonomischen machen, war es umso wichtiger, Experten aus allen am Prozess beteiligten Institutionen zu finden, um auf diese Weise nicht nur Kontextwissen zu den Dimensionen, sondern auch spezifisches Wissen zu den einzelnen Aufwertungsaspekten intensiv beantwortet zu bekommen.

Im Folgenden sind die Interviewpartner in einer Tabelle (vgl. Tab. 6) kurz aufgeführt:

Tabelle 6: Befragte Experten im Rahmen der qualitativen Analyse

Experte	Institution/ Bereich	Datum, Ort
Experte 1	„Alteingesessener"/ Bewohner	05.05.2011, Gießen
Experte 2	„Alteingesessener"/ Bewohner	13.05.2011, Gießen
Experte 3	Wohnbau-Genossenschaft Gießen (WBG)	09.05.2011, Gießen
Experte 4/5	Stadtplanungsamt/ Bauleitplanung Gießen	06.05.2011, Gießen
Experte 6	HEUREKA - Universität Gießen	11.05.2011, Gießen
Experte 7	Claus R. Menges GmbH (Makler)	16.05.2011, Gießen
Experte 8	Mieterverein Gießen e.V.	13.05.2011, Gießen
Experte 9	Stadtarchiv Gießen	19.05.2011, Gießen
Experte 10	Universität Gießen – FB 07 - Geographie	20.05.2011, Gießen
Experte 11	Haus und Grund (Eigentümerschutz-Gemeinschaft)	20.06.2011, Gießen

Quelle: eigene Darstellung (2011).

Experte 1 ist bereits über 60 Jahre[20], nicht mehr berufstätig und Bewohner des Universitätsviertels. Als Alteingesessener kann er bezeichnet werden, weil er sich mit großem Engagement und viel Begeisterung schon seit sehr langer Zeit für das Viertel einsetzt und sich in diesem auch sein Wohnsitz befindet. Er arbeitet ehrenamtlich im Förderverein Lokale Agenda 21, in der Bürgerinnen und Bürger die Möglichkeit haben, verstärkt an der Stadtentwicklung mitzuwirken (http://www.agenda21-giessen.de, Aufruf: 02.06.2011). Experte 1 ist für mehrere Feste und Veranstaltungen in dem Universitätsviertel mitverantwortlich, weil er an der Organisation und der Durchführung dieser seit Jahren beteiligt ist. Experte 2 ist ebenfalls Bewohner des Quartiers und ebenfalls etwas älter. Er ist Geschäftsleiter und Inhaber eines Handwerksbetriebs in dem Quartier, der von seinem Großvater schon im Jahre 1902 gegründet wurde. Die Schlosserwerkstatt wurde von ihm im Jahre 1966 übernommen und stellt heute Treppengeländer, Balkongeländer, Balkonüberdachungen etc. überwiegend unter den Denkmalschutzbestimmungen her. Er engagiert sich ebenso wie Experte 1 in dem Viertel und ist ein immer verfügbarer Ansprechpartner für seine Mitbürgerinnen und Mitbürger. Experte 3 arbeitet schon seit über 20 Jahren bei der Wohnbaugesellschaft in Gießen, ist mittleren Alters und beschäftigt sich hauptsächlich mit Wohnräumen der Innenstadt,

---

[20] Um die Anonymität der Experten zu schützen, erfolgt bei der kurzen Beschreibung eine Alterseinstufung in drei Kategorien, die sich wie folgt zusammensetzt: älter meint über 60 Jahre, mittleren Alters bedeutet 40 bis 60 Jahre und jünger meint alle Altersstufen unter 40 Jahre.

eingeschlossen auch das Universitätsviertel, und pflegt den intensiven Kontakt zu Mietern, Eigentümern und anderen Bewohnern des Viertels. Die Experten 4 und 5 sind ebenfalls mittleren Alters und arbeiten bei dem Stadtplanungsamt der Stadt Gießen und der Bauleitplanung Gießen. Dieses Interview wurde auf Wunsch der Experten als Doppelinterview geführt, da die inhaltlichen Kontexte der einzelnen Dimensionen unterschiedlich tief beantwortet werden konnten. Experte 6 ist mittleren Alters und arbeitet bei der Universität Gießen. Er ist bereits lange Zeit selbst Bewohner des Quartiers mit Erfahrungsberichten bzgl. des universitären Geschehens und Privaten aus Vergangenheit und Gegenwart. Experte 7 arbeitet bei Claus R. Menges GmbH und ist bereits über 60 Jahre. Der Sitz des Hausverwalters und Immobilienmaklers MENGES befindet sich in dem Gebiet, weshalb der Interviewer aufgrund der eigenen Geschichte der Firma und langjähriger Erfahrung besonders viele Auskünfte bezogen auf Mietpreise, Sanierungen und auch soziale Beziehungen wiedergeben konnte. Experte 8 von dem Mieterverein Gießen e.V. hat ebenso lange berufliche Erfahrungen in Gießen und ist mittleren Alters. Der Mieterverein Gießen vertritt die Interessen aller Mieter, ist um soziale Wohnungspolitik und eine Verbesserung der Wohnverhältnisse bemüht, so dass viele berufliche Erfahrungen mit in die Untersuchung aufgenommen werden konnten. Experte 9 arbeitet beim Stadtarchiv Gießen, ist in Gießen aufgewachsen und verbindet viele persönliche Erfahrungen mit dem Viertel und seiner Geschichte. Er ist mittleren Alters und hat bereits an einigen Werken zu Gießen mitgewirkt. Experte 10 arbeitet an der Universität Gießen im Fachbereich Geographie und ist in der Alterskategorie jünger einzustufen. Aufgewachsen ist er in Gießen, die Schul- und die Ausbildung hat er ebenfalls in Gießen genossen und hat daher persönlichen Bezug, aber auch berufliche Erfahrungen im Zusammenhang mit dem Universitätsviertel der Stadt. Experte 11 arbeitet seit über 26 Jahren, heute ehrenamtlich, bei Haus & Grund, der Grundeigentümervereinigung Gießen und ist bereits älter. Experte 11 betreut viele der Eigentümer im Universitätsviertel und vertritt die Interessen dieser. Durch den engen Kontakt zu den Hauseigentümern konnten nach dem Interview einige Aspekte und deren Entwicklungen im Zusammenhang mit Eigentümern mit in die Arbeit einfließen.

Gebäude- und Nutzungskartierung

Gegenstand einer humangeographischen Beobachtung kann menschliches Verhalten direkt sein (z.B. von Konsumenten zurückgelegte Wege in der Innenstadt) oder indirekte Beobachtungen, welche vor allem durch menschliches Handeln sichtbare Konsequenzen und Auswirkungen haben (z.B. Analyse von Gebäudestruktur und Gebäudenutzungen). Der quantifizierte Weg der Datenerhebung bevorzugt strukturierte, nicht-teilnehmende Beobachtungen, die in Form von Zählungen und Kartierungen durchgeführt werden (MEIER KRUKER, RAUH 2005, S. 84-85). Die Methode der Kartierung ist eine nichtteilnehmende Beobachtungsmethode und hat somit weniger Verzerrungen als teilnehmende Beobachtungen zur Folge. Die Umsetzung von Beobachtungen in Karten, d.h. eine Lokalisierung von beobachtbaren Phänomenen, hat als Methode in der Geographie eine besondere Bedeutung. So können Flächen, Standorte etc. kartographisch dargestellt werden und somit als flächendeckende Untersuchungsmethode für große Bereiche dienen (MEIER KRUKER, RAUH 2005, S. 85).

Für den Bereich des Universitätsviertels in Gießen wurde eine Gebäude- und Nutzungskartierung angefertigt. Die Nutzungskartierung gibt die funktionale Ausstattung des Viertels mit Einzelhandel, Dienstleistungen, Gaststätten und Gastronomie, Wohnnutzung und Sonstigem wie z.B. Leerständen wieder. Eine Katasterkarte bildet dabei die Grundlage, auf der die Nutzungen eingetragen und später mit dem Programm ArcGis in einer Karte zusammengestellt werden. Eine wichtige Vorentscheidung ist dabei die Typisierung der Nutzungen. Bei großen Mischgebieten, in denen sich viele verschiedene Nutzungen ansiedeln, ist es notwendig eine breite Typisierung der funktionalen Ausstattung zu vergeben. Die Substanz und das Alter der Gebäude können zusätzlich als Grobeinschätzung hinzugezogen werden, um Indizien über den Modernisierungs- und Sanierungsgrad der Gebäude zu erhalten und Aufwertungstendenzen zu ermitteln.

Ein Nutzungskatalog für das Universitätsviertel in Gießen kann kleiner gehalten werden als ein in Anlehnung an andere Untersuchungen (z.B. KRAJEWSKI 2006) aufgestellter Katalog. Eine Katasterkarte bildet auch in dieser Untersuchung die Kartengrundlage, auf der alle Nutzungen block- und straßenweise aufgezeichnet wurden, um sie kartographisch umsetzen zu können. Dabei wurden die Erdgeschossnutzungen der jeweiligen Gebäude aufgenommen.

Der Nutzungskatalog für das Universitätsviertel ergab sich nach einer ersten Begehung zur Einschätzung noch offener Kartierungsfragen. Auf den ersten Blick sind es insgesamt drei zu unterscheidende Nutzungsformen: Einzelhandel, Dienstleistung und sonstige Nutzungen (vgl. Anhang B: Karte1). Eine weitere Einteilung der Dienstleistungen, Einzelhändler und der sonstigen Nutzungen (vgl. Tab. 7) erfolgte nach weiteren Begehungen, so dass sich insgesamt folgender Nutzungskatalog für das Universitätsviertel Gießen zusammenfassen lässt:

Tabelle 7: Nutzungsformen der Erdgeschosse im Universitätsviertel Gießen (2011)

Nutzungsform	dazugehörige Nutzung
Einzelhandel	- **Schmuckbedarf** - **Lebensmittel** - **Bekleidung** - **sonstiger Einzelhandel** (z.B. Elektro, Tabak- und Süßwaren etc.)
Dienstleistung	- **Rechtswesen** (z.B. Anwalt) - **Apotheke** - **Gesundheitswesen** (z.B. Krankengymnastik, Zahnarzt, Allgemeinmediziner, Psychologe etc.) - **Versicherungswesen** - **Bildung und Kunst** (z.B. Antiquariat) - **sonstige Dienstleistung** (z.B. Reisebüro, Druckerei, Wäscherei, Kosmetiksalon, Schneiderei etc.)
sonstige Nutzungen	- **Öffentliche Einrichtungen** (z.B. Universität, Schule, Bibliothek etc.) - **Wohnen** - **Kirchliche Einrichtungen** (z.B. Vereine e.V.) - **Leerstand** - **Gastronomie** (z.B. Gaststätten, Restaurants etc.)

Quelle: eigene Darstellung (2011).

Bei einer weiteren Begehung des Untersuchungsgebietes wurden das Gebäudealter und der Gebäudezustand (Grobeinschätzungen) erhoben, aufgezeichnet und kartographisch umgesetzt (vgl. Anhang D: Karte 3, Anhang E: Karte 4). Der dazugehörige Nutzungskatalog (vgl. Tab. 8) gliederte sich in drei Gebäudealterzuweisungen:

Tabelle 8: Gebäudealtereinteilung im Universitätsviertel Gießen (2011)

Gebäudealter	Zuweisung
Gründerzeitliche Bauten	- um die Jahrhundertwende errichtete Altbauten - ca. ab 1870 bis 1940
Neubau	- offensichtlich neue Gebäude mit moderner Architektur - höchstens 20-30 Jahre alt
nicht zugeordnete Bauten	- alle Gebäude, die zu der Kategorie Gründerzeitliche Bauten und Neubau nicht zuzuordnen sind

Quelle: eigene Darstellung (2011).

Um Rückschlüsse auf eine bauliche Aufwertung im Sinne eines Gentrifizierungsprozesses (vgl. 2.2.4) schließen zu können, wurde der Gebäudezustand nur für gründerzeitliche Bauten erhoben. Die dazugehörigen Kategorien (vgl. Tab. 9) ergaben sich ebenfalls aus den ersten Begehungen und gliedern sich in:

Tabelle 9: Gebäudezustandseinteilung im Universitätsviertel Gießen (2011)

Gebäudezustand	Zuweisung
Saniert	eine von außen sichtbare, das gesamte Gebäude allumfassende Sanierung (inkl. Fenster, Fassade, Dekor etc.)
Unsaniert	eine äußerlich ungepflegte Fassade (z.B. alte Fenster, Graffiti etc.) mit hohem Sanierungsbedarf
Teilsaniert	es wurden nur Teile des Gebäudes saniert (z.B. neue Fenster, Balkone, Dekor etc.), doch der Gesamtzustand ist sanierungsbedürftig
wird saniert	das Gebäude befindet sich zum Erhebungszeitpunkt in einem offensichtlichen Sanierungs- und Modernisierungsprozess
unbestimmt	alle Gebäude, bei denen der Gebäudezustand nicht erhoben wurde (Neubau und „nicht zugeordnete Bauten")

Quelle: eigene Darstellung (2011).

Eine Adressbuchauswertung (1974) kommt als (lückenhafter[21]) Vergleich zu der aktuellen Nutzungskartierung als Grundlage für einen Wandel hinzu. Die Adressbucheinträge aus 1974 wurden nach dem Straßenverzeichnis ausgewertet. So wurden alle Straßen (siehe Straßenverzeichnis) und dazugehörige Hausnummern herausgesucht und kartiert (vgl. Anhang C: Karte 2). Waren mehrere Nutzungen aufgeführt, so wurde davon ausgegangen, dass Einzelhändler oder Dienstleistungen im Erdgeschoss des jeweiligen Gebäudes angesiedelt waren. Waren die betreffenden Häuser nicht aufgeführt, so wurden diese auf der Karte nicht dargestellt bzw. keiner Nutzung zugeordnet. Um eine Vergleichbarkeit der aktuellen und 1974 bestehenden Nutzungen des Untersuchungsgebietes zu ermöglichen, wurde versucht ein nahezu gleichen Nutzungskatalog wie für die aktuelle Erhebung (Mai 2011), aufzustellen. Lediglich der Einzelhandel wurde wegen der Relevanz nicht mehr unterteilt. Das Gewerbe wurde zusätzlich mit in den Nutzungskatalog aufgenommen.

Die Nutzungskartierung aus 1974 weist folgenden Nutzungskatalog (vgl. Tab. 10) auf:

---

[21] Diese Auswertung kann als lückenhaft bezeichnet werden, da nicht alle Gebäudenutzungen zwangsläufig in einem Adressbuch aufgelistet sein müssen.

Tabelle 10: Nutzungsformen der Erdgeschosse im Universitätsviertel Gießen (1974)

Nutzungsform	dazugehörige Nutzung
Einzelhandel	- **sonstiger Einzelhandel** (z.B. Elektro, Tabak- und Süßwaren, Lebensmittelhandel, Metzgerei, Bäckerei, Leder- und Schuhartikel, Malergeschäft etc.)
Dienstleistung	- **Rechtswesen** (z.B. Anwalt, Rechtsberatung) - **Gesundheitswesen** (z.B. Krankenhaus, Zahnarzt, Allgemeinmediziner, Psychologe, Heilpraktiker etc.) - **Versicherungswesen** - **Bildung und Kunst** (z.B. Bücherei) - **sonstige Dienstleistung** (z.B. Verkehrsbüro, Spedition, Verlagsdruckerei, Damen- und Herrensalon, Polsterei etc.)
Sonstige Nutzungen	- **Öffentliche Einrichtungen** (z.B. Universität, Schule, Verein, Bibliothek etc.) - **Wohnen** - **Kirchliche Einrichtungen** (z.B. Kirche, Vereine e.V. etc.) - **Gewerbe** (z.B. Bau- und Möbelschlosserei, Tankstelle, Malerbetrieb, Bau- und Kunstschlosser etc.) - **Gastronomie** (z.B. Gaststätte, Schankwirtschaft etc.)

Quelle: eigene Darstellung (2011).

Zusätzlich zu der Nutzungskartierung kam eine Auswertung der Einzelhändler hinsichtlich ihrer bereits am Ort etablierten Zeit hinzu (vgl. Anhang F: Einzelhandelsauswertung). Diese Aufzählung dient dazu, die Fluktuation der Einzelhändler nachzuzeichnen, um Rückschlüsse auf einen Wandel zu erhalten. Der Zusammenhang zwischen einem Austausch der Bewohnerschaft und einem sich wandelnden infrastrukturellen Angebot ist so eng, dass auf dieser Grundlage Aussagen zu einem Wandel getroffen werden können.

Da diese Auswertungen allerdings keine Auskunft über die Gebäudestruktur und den -zustand geben, waren weitere ergänzende Untersuchungsmethoden notwendig, um fundierte Aussagen zu den Gentrifizierungsdimensionen treffen zu können.

Fotodokumentation und Beobachtungen

Angesichts einer umfassenden Fragestellung in Bezug auf einen quartiersbezogenen Veränderungsprozess kommt zu den bereits vorgestellten Methoden eine weitere (ergänzende) Untersuchungsmethode hinzu, in der besonders der baulich-hochwertige Bestand des Universitätsviertels zum Tragen kommt. Die Auswertung und Darstellung photografischer Abbildungen kann unterstützend dazu dienen, den baulichen Bestand in seiner aktuellen und vergangenen Lage darzustellen.

Um eine Auswahl der darzustellenden Gebäude zu treffen, war eine weitere Begehung des Untersuchungsgebietes notwendig. Bei dieser lag die Aufmerksamkeit auf dem Gebäudebestand gründerzeitlicher Bauten.

An dieser Stelle sei anzumerken, dass die Kamera für großes Interesse sorgte und viele Reaktionen von Anwohnern, Gespräche mit Eigentümern oder Mietern und somit auch zusätzliche Informationsquellen zur Folge hatte, die in der Arbeit mit eingebaut wurden.

6 ANALYSE DES UNTERSUCHUNGSGEBIETES

Im Folgenden werden die Ergebnisse, welche mittels der oben erläuterten Methoden erhoben wurden, analysiert. Die Bestandteile der Analyse sind nach den Aufwertungsdimensionen (KRAJEWSKI 2006) der Gentrifizierung gegliedert und werden in dieser Reihenfolge abgehandelt.

6.1 Bevölkerungsstruktur im Universitätsviertel

Der Name des Viertels kam ursprünglich durch die Errichtung der ersten Universitätsgebäude zustande und prägt seitdem die Zusammensetzung der Bevölkerung des Gebietes. Die Bewohnerschaft im Universitätsviertel ist zwar durch eine klare Durchmischung gekennzeichnet, doch betrachtet man das Viertel genauer, so fällt auf, dass Teilquartiere doch von einzelnen Bevölkerungsgruppen stark geprägt sind: ganze Straßenzüge wie der Riegelpfad, die Bleichstraße, die Stephanstraße oder die Ludwigstraße weisen eine hohe Dichte von Studierenden und jungen Menschen auf, wohingegen Straßen wie die Löber- und Lonystraße, aber auch die Bruchstraße deutlich durch einkommensstarke alteingesessene Bewohner charakterisiert sind (vgl. Interview Experte 10, Experte 2, Experte 1, Experte 9). Unabhängig von einer Einteilung des Viertels in Quartiere kann die Bevölkerungsstruktur in drei Kategorien (nach Alter, Bildung und Einkommen) zusammengefasst werden:

➢ Alteingesessene Bewohner mit einfachem Bildungsstand und mittlerer Einkommensstruktur,

➢ Mittelalte mit hohem Einkommen, die innenstadtnah wohnen möchten, Altbauwohnungen einkaufen und sanieren, um gehobener wohnen zu können und

➢ junge Menschen, überwiegend Studenten, mit geringem Einkommen, geringen Wohnflächenansprüchen und zukünftig hohem Bildungsstand
(vgl. Interview Experte 6).

Somit kann von einer guten sozialen Durchmischung im Viertel gesprochen werden, wobei der Anteil der Studierenden einen hohen Anteil an der Gesamtmenge ausmacht (vgl. Interview Experte 3, Experte 11). Grund dafür kann auch die Wohnungsstruktur im Universitätsviertel sein, die sich durch kleinteilige Grundrisse auszeichnet und sich aus diesen Gründen verstärkt Wohngemeinschaften bilden können (vgl. Interview Experte 4/5). Der Anteil von Migranten beläuft sich auf 10-20% (vgl. Interview Experte 3) und ist im Vergleich zu anderen Stadtteilen Gießens, wo sich sozial schwächere Bewohner konzentrieren, sehr gering (vgl. Interview Experte 8).

Gießen ist eine Studentenstadt und zeichnet sich als solche auch aus: von den insgesamt über 70.000 Einwohnern sind allein fast 20.000 im Alter von 19-29 Jahren (vgl. CRAMER 2009, S. 16).

6.1.1 Veränderungen in der Sozialstruktur

Die Sozialstruktur des Viertels hat sich über mehrere Jahrzehnte nicht auffällig verändert (vgl. Interview Experte 7, Experte 1, Experte 8). Das Viertel war insgesamt durch die frühe Ansiedlung der Universität in der Ludwigstraße (1879) schon immer ein studentisches, so dass sich die Anteile der Bevölkerungszusammensetzung nicht stark verändert haben.

In den 1990er Jahren war in dem Universitätsviertel zwar die Rede von einer Wohnraumzweckentfremdung durch andere Nutzungen, die von der Stadt Gießen jedoch stark kontrolliert und verhindert wurde. Seitdem ist die Bevölkerung in dem Viertel nahezu stabil geblieben (vgl. Experte 3).

Betrachtet man einzelne Teilbereiche, so ist eine geringe Veränderung im Bereich des Riegelpfades und in anliegenden Straßen erkennbar: diese Straße war vor der Jahrtausendwende ein so genanntes Arbeiterquartier und ist durch die steigende Anzahl an Studierenden und den Rückgang der Industrie-Arbeiter zu einem Studenten-Quartier geworden (vgl. Interview Experte 9, Experte 6). Kleinere Verschiebungen in dem direkten Universitätskarree (Bleichstraße, Ludwigstraße, Südanlage) sind durch einen Austausch und einen Rückgang älterer Bevölkerung zugunsten von einkommensstarken Mittelalten zu beobachten (vgl. Interview Experte 6, Experte 10). Zusätzlich findet seit einigen Jahren eine vermehrte Ansiedlung von Professoren und Dozenten mit hohem Einkommen im Universitätsviertel statt, weil der Wohnstandort in Innenstadtnähe zunehmend in den Mittelpunkt rückt (vgl. Interview Experte 10). Durch die Strukturveränderung Trend zurück in die Innenstadt zogen Geschäftsleute und ältere Menschen vermehrt in innenstadtnahe Wohngebiete (vgl. Interview Experte 2) und aufgrund dieser Entwicklung prognostiziert das Stadtplanungsamt Gießen für die kommenden Jahre eine Zunahme von Besserverdienern durch Umbau und Modernisierung der Wohngebäude (vgl. Interview Experte 4/5).

6.1.2 Zukünftige Entwicklung der Bevölkerungsstruktur (Prognose)

Die Bevölkerungsstruktur könnte sich durch mehrere Gründe in Zukunft verändern. Dabei ist jedoch davon auszugehen, dass Veränderungen nicht aus der Bevölkerungszusammensetzung selbst resultieren, sondern im Zusammenhang mit Maßnahmen wie Neubauprojekten, Kernsanierungen oder gesellschaftlichen Verschiebungen stehen.

Ein Vorhabenträger plant z.B. für die Südanlage 16 (vgl. Abb. 6) Eigentumswohnungen zu errichten, in denen sich einkommensstarke Bevölkerungsgruppen ansiedeln sollen. Dies könnte demnach auch Auswirkungen auf die in dem Universitätsviertel lebende Bevölkerung haben.

Abbildung 6: Südanlage 16

Quelle: Eigene Aufnahme (2011).

Der zuvor angesprochene Trend zurück in die Innenstadt könnte ebenso Veränderungen bezüglich der Zusammensetzung der Bewohner mit sich bringen: Häuser am Stadtrand werden zunehmend verkauft, weil innenstadtnahe Eigentumswohnungen präferiert werden (vgl. Interview Experte 4/5). Unter diesen Umständen bekommt das Universitätsviertel Gießen eine zunehmende Attraktivität als Wohnstandort (vgl. Interview Experte 2). Dieser Trend ist sogar für Gießen statistisch nachweisbar: da das Viertel ein attraktives Wohngebiet ist, wird sich aus diesen Gründen ein Generationenwandel abspielen, der jedoch auch stark von der Anbieterseite abhängt. Der Zuzug für Menschen über 60 Jahre könnte allerdings durch die Wohnungsgrößen abgeschwächt werden, so dass in Zukunft auch weiterhin von einer gesunden Durchmischung durch Studenten, Alteingesessenen und jüngeren Familien gesprochen werden kann (vgl. Interview Experte 3). Durch eine geplante Zentralisierung der Universität wird Einschätzungen nach der Wohnraum dennoch weiter mit einem hohen Anteil an Studenten durchsetzt sein. Die angesprochenen Veränderungen im Universitätsviertel sind als gesamtgesellschaftliche Veränderungsprozesse zu betrachten, eine Eigendynamik durch bauliche oder infrastrukturelle Veränderungen kann von keinem der Experten prognostiziert werden.

6.1.3 Mechanismen, die zur Veränderung der Sozialstruktur führen können

- Kündigungen aufgrund von Sanierungen, Abriss, Modernisierung

Geplante Kernsanierungen bestehen zwar in dem Viertel, doch mehr aus dringenden Gründen wie hohem Sanierungsbedarf gründerzeitlicher Bauten (vgl. Interview Experte 2). Beispiele für Kernsanierungen (z.B. Südanlage 27), die vorherrschen, haben nicht die Intention einer erhöhten Miete und sind keine Aufwertungen im Sinne einer Gentrifizierung; meist sind es baulich überfällige Sanierungen (vgl. Interview Experte 10). Klar ist, dass nach aufwändigen Sanierungen, im Universitätsviertel Gießen zusätzlich Sanierungen unter Denkmalschutzbestimmungen, die Mieten für die Wohnungen steigen werden und dadurch eine neue Mieterschaft angesprochen wird. Doch in den bekannten Fällen kann keine Rede von aufwändigen Aufwertungsmaßnahmen sein. Daher gibt es auch keine Verdrängungsmechanismen hinsichtlich der Bewohnerschaft des Viertels durch eine steigende Anzahl an Sanierungen oder Modernisierungen der Gebäude und somit auch keine durch Mieterhöhungen. In den vergangenen Jahren haben zwar bauliche Neuerungen oder Baulückenschließungen stattgefunden (Südanlage 10) (vgl. Abb. 7, Abb. 8), doch es besteht kein Bedarf an Luxus- oder Eigentumswohnungen, um höherwertigen Wohnraum zu schaffen (vgl. Interview Experte 3).

Abbildung 7: Südanlage 10 (Baulücke)   **Abbildung 8: Südanlage 10**

Quelle: Untere Denkmalschutzbehörde (1986).   Quelle: Eigene Aufnahme (2011).

In der Stephanstrasse werden Häuser von Privatinvestoren sogar aufgekauft und für studentisches Wohnen umfunktioniert, weil die Eigentümer wenig bis gar nicht in die Gebäude investieren möchten (vgl. Interview Experte 6). „Die höherwertig sanierten Wohnungen werden allerdings deutlich höher vermietet, was im Übrigen am Kaufpreis der Wohnungen erkennbar ist" (Interview Experte 6). Des Weiteren existieren in dem Universitätsviertel keine großen Sanierungsvorhaben, die auf künftige Kündigungen hinweisen (vgl. Interview Kaisers).

- **Mietpreise und Mietpreissteigerungen**

Die Universitätsstadt Gießen besitzt im Gegensatz zu anderen Städten keinen Mietspiegel[22], an dem über das gesamte Stadtgebiet verteilt ein Vergleich der Miethöhe aufgezeigt werden kann. Die Mieten mit 6,50 €/m^2 können dennoch bei Neuvermietungen als durchschnittlich beschrieben werden. Je nach Größe, Ausstattung und Lage variieren die Mieten, im Vergleich zur Gesamtstadt liegen sie jedoch durch den gepflegten Altbaubestand (vgl. 6.2.2) etwas höher als in anderen Vierteln (vgl. Interview Experte 8, Experte 10). „Die Mietveränderungen der letzten Jahre zeigen aber insgesamt kein ‚schleichendes Umkippen' des Viertels. Man kann von keinem ‚Wegsanieren' oder ‚Verdrängen' sprechen" (Interview Experte 8), was nicht auf Verdrängungsmechanismen der Bewohner durch hohe Mieten hindeutet (vgl. Interview Experte 3).

Eine Entwicklung, die dennoch deutlich sichtbar wird, sind starke Mieterhöhungen bei einem Umschwung von Alteigentümern und -mietern zu neuen. Zurückzuführen ist diese Entwicklung auf Mietanpassungen durch den Wechsel und auf die Attraktivität der Innenstadtlage (vgl. Interview Experte 6).

Im Zusammenhang mit Mietpreiserhöhungen ist auch der bauliche Zustand der Gebäude zu betrachten. Trotz einiger zuvor angesprochener Sanierungen haben viele der Häuser trotz der guten innenstadtnahen Lage viele negative Eigenschaften, was Mietpreissteigerungen im Sinne einer Verdrängung von Bewohnern widerspricht. Investitionen in gründerzeitliche Bauten unter Denkmalschutzbestimmungen sind hoch, so dass diese Konstellation in einigen Fällen dazu führt, dass die Eigentümer nur notwendige Sanierungen durchführen, die zu kleinen oder keinen Mietpreissteigerungen beitragen. Vermutungen über starke Mietpreiserhöhungen bestehen zu den teils leerstehenden

---

[22] Der Mietspiegel ist eine Übersicht über die ortsübliche Vergleichsmiete. Er wird von Städten mit unterschiedlichen Interessengruppen (d. h. Mieter- und Vermieterverbände) aufgestellt, doch da es keine Verpflichtung gibt, einen Mietspiegel aufzustellen, gibt es nicht für jede Gemeinden eine solche Übersicht.

öffentlichen Gebäuden der Universität (Ludwigstraße), die stark sanierungsbedürftig sind. Werden diese stark aufgewertet und zu Wohnraum umfunktioniert, so könnten hier auch die Mieten in die Höhe schießen, die sich nur Doppelverdiener/Yuppies (vgl. 2.1.2.2) leisten könnten.

Einfluss auf die Mieten im Universitätsviertel hatte die Entstehung des Neubaus in der Südanlage 10. In diesem Neubau sind viele Eigentumswohnungen (pro Hauseingang gibt es zwölf Parteien), aber auch Mietwohnungen entstanden. Vermehrt ziehen einkommensstarke Mittelalte, die die Nähe zur Innenstadt suchen und das Viertel präferieren, in das Untersuchungsgebiet. Durch den Bau der Südanlage 10 sind die Mieten in umliegenden Straßen in die Höhe gegangen und beeinflussen die Miethöhe im Untersuchungsgebiet. Auch das kernsanierte und hochmodernisierte Dachcafé-Hochhaus (vgl. Abb. 36, Abb. 37) hat Einfluss auf die Bewohnerschaft, da es durch einen angehobenen Mietpreis eine andere Klientel anspricht als vor der Sanierung (vgl. Interview Experte 11).

6.2 Baulicher Bestand im Universitätsviertel

Bevor der bauliche Bestand näher analysiert wird, sind die Eigentümerverhältnisse im Viertel zu betrachten. Die meisten der kartierten Gebäude im Universitätsviertel sind kein Eigentum der Stadt, denn fast alle nicht öffentliche Einrichtungen gehören Privateigentümern, die über ihren Gebäudezustand, den Sanierungsgrad und die Mieter weitestgehend frei entscheiden können. Die Stadt Gießen hat lediglich über Zuschüsse für Sanierungsvorhaben (Denkmalpflege) Eingriff in den Gebäudebestand und -zustand im Quartier.

Der bauliche Bestand eines Untersuchungsquartiers und der Zustand dieser Bauten sind für den Gentrifizierungskontext und die Einstufung der Entwicklung von großer Bedeutung und wichtiger Bestandteil des Prozesses. Besonders der Grad der Sanierungen und die baulich vorherrschenden Strukturen sind wichtige Aspekte zur Beschreibung und Einstufung der baulichen Aufwertungsdimension. Deswegen wurden diese Merkmale untersucht und in folgenden Kapiteln ausführlich analysiert und behandelt.

6.2.1 Gebäudealter

Der bauliche Bestand im Universitätsviertel ist durch einen hohen Anteil an Altbauten[23], die unter Denkmalschutz stehen, gekennzeichnet. Der Denkmalschutz kann als Ausdruck dafür gesehen werden, dass die Gesamtanlage eine besonders hochwertige historische Bausubstanz aufweist (vgl. Interview Experte 4/5). Von den 564 im Mai 2011 erhobenen Gebäuden fallen deutlich mehr als die Hälfte (320) unter die Kategorie gründerzeitlicher Bauten (vgl. Interview Experte 10; Anhang D: Karte 3). Gerade 57 Gebäude wurden als Neubau erhoben. Kennzeichnend ist die Struktur freistehender mehrgeschossiger Häuser, die man in nahezu allen Straßen des Untersuchungsgebietes vorfinden kann (vgl. Interview Experte 1). Der Anteil an originalen, baulich hochwertigen und historischen Bauten aus der Gründerzeit ist auf die Gesamtstadt gesehen in diesem Gebiet der höchste. Aus diesem Grund befinden sich in diesem Viertel viele attraktive Häuser (vgl. Abb. 9, Abb. 10).

Abbildung 9: Blick in die Goethestraße **Abbildung 10: Wilhelmstraße 35**

Quelle: Eigene Aufnahme (2011). Quelle: Eigene Aufnahme (2011).

Kennzeichnend ist für das Viertel ist außerdem das Universitätshauptgebäude (vgl. Abb. 11) und viele öffentliche Einrichtungen (vgl. Anhang B: Karte 1) wie die Liebigschule (vgl. Abb. 12), das St. Josefs Krankenhaus oder die IHK.

Abbildung 11: Das Universitätshauptgebäude **Abbildung 12: Die Liebigschule**

Quelle: Eigene Aufnahme (2011). Quelle: Eigene Aufnahme (2011).

---

[23] Altbau meint gründerzeitliche Gebäude, die um die Jahrhundertwende entstanden sind.

Das Viertel wird durch die Wieseck (vgl. Abb. 13), die parallel zur Löber- und Lonystraße fließt, aufgewertet. Insgesamt kann von einer Durchmischung des Bestandes gesprochen werden, denn einige durch den Krieg entstandene Baulücken wurden mit so genannten Einfachstbauten geschlossen (vgl. Interview Experte 6). Im Gesamtbild betrachtet zeichnet sich das Viertel durch Straßenrandbebauung mit einem großen Grünflächenanteil im hinteren Bereich der Grundstücke aus (vgl. Abb. 14) (vgl. Interview Experte 4/5).

Der Großteil der Gebäude wurde von einigen wenigen Architekten geplant und um 1890/1900 erbaut (vgl. 5.2; Abb. 4). Dadurch sind in den meisten Straßenzügen (z.B. Ludwigstraße) die gleichen Stockwerkhöhen (vier Geschosse) und ähnliche Fassaden vorzufinden (vgl. Abb. 15, Abb. 16) (vgl. Interview Experte 2).

Abbildung 13: Die Wieseck entlang der Löberstraße

Quelle: Eigene Aufnahme (2011).

Abbildung 14: Hauptnutzung im Hinterhof der Löberstraße

Quelle: Eigene Aufnahme (2011).

Abbildung 15: Blick in die Ludwigstraße im Jahr 1986

Quelle: Untere Denkmalschutzbehörde (1986).

Abbildung 16: Blick in die Ludwigstraße heute

Quelle: Eigene Aufnahme (2011).

Ein negativ hervorzuhebender Aspekt aufgrund der dichten Bebauung sind die wenigen Stellplatzmöglichkeiten für PKW. Aus diesem Grund gibt es von den Hauseigentümern immer wieder Anfragen hinsichtlich einer Bebauung im hinteren Bereich der Grundstücke, die die Stadt fast immer aus Attraktivitäts- und Schutzgründen bzgl. der vorhandenen Begrünung verweigern muss (vgl. Interview Experte 4/5).

6.2.2 Gebäudezustand gründerzeitlicher Bauten

Die Instandhaltung der Gebäudesubstanz wird von vielen Eigentümern im Universitätsviertel vorbildlich umgesetzt (vgl. Interview Experte 10), dennoch ist die Erhaltung auch als gemischt zu beschreiben, weil viele der gründerzeitlichen Bauten noch stark sanierungsbedürftig sind (vgl. Interview Experte 1).

Bei der Erhebung des Gebäudezustandes gründerzeitlicher Bauten 2011 fiel auf, dass von insgesamt 320 gründerzeitlichen Gebäuden 105 in die Kategorie des sanierten Zustandes fielen.

Wie bereits in Kapitel 5.3.2 beschrieben, wurde der sanierte Zustand als ein das Gesamtbild des Gebäudes umfassender Zustand erhoben. So befinden sich knapp 1/3 der gründerzeitlichen Bauten in einem vollsanierten, von außen deutlich sichtbar guten und gepflegten Zustand (vgl. Abb. 17, Abb. 18, Abb. 19) (vgl. Anhang E: Karte 4) (vgl. Interview Experte 6).

Abbildung 9: Ludwigstraße 41

Quelle: Eigene Aufnahme (2011).

Abbildung 10:
Alicenstraße 36 im Jahr 1986

Quelle: Untere Denkmalschutzbehörde (1986).

Abbildung 11: Alicenstraße 36 heute

Quelle: Eigene Aufnahme (2011).

101 Gebäude wurden als teilsaniert erhoben, d.h. Fenster, Dekor und ähnliches befinden sich in einem guten Zustand. Bei Betrachtung des Gesamtgebäudes sind dennoch deutliche Mängel an den Fassaden sichtbar (vgl. Anhang: Karte 4). Viele der Grundeigentümer sind stark darum bemüht, die Fassaden durch Anstriche zu erneuern (vgl. Interview Experte 1), so dass im Hinblick auf die baulichen Strukturen auffällt, dass die gründerzeitlichen Bauten in Teilen nach und nach liebevoll saniert wurden. Vor einigen Jahren konnte man noch von einer Aufbruchstimmung hinsichtlich der Sanierungen sprechen: es wurde auffällig viel saniert, wobei geradezu eine Art Sättigung entsteht (vgl. Interview Experte 6, Experte 8). Die Eigentümer legen viel Wert auf die Erhaltung ihrer Gebäude, doch für eine gleich bleibende Attraktivität der Wohngebäude müssen in Zukunft wieder mehr Gebäude saniert und modernisiert werden (vgl. Abb. 20, Abb. 21, Abb. 22) (vgl. Interview Experte 8).

Abbildung 20: Alicenstraße 43 im Jahr 1986

Quelle: Untere Denkmalschutzbehörde (1986).

Abbildung 21: Alicenstraße 43 heute

Quelle: Eigene Aufnahme (2011).

Abbildung 12:
Alicentraße 43 (Balkon, Fenster)

Quelle: Eigene Aufnahme (2011).

89 gründerzeitliche Gebäude befinden sich in einem unsanierten Zustand, der von außen einen schlechten Eindruck macht (vgl. Anhang E: Karte 4).

Diese Altbauten sind von einem Alterungsprozess gezeichnet, hinzu kommt eine kostspielige energetische Sanierung vieler älterer Gebäude, die in einigen Teilen des Quartiers hohen Bedarf zeigt. Bei diesen Gebäuden steht eine notwendige Kernsanierung an, die eine an heutige Zeiten angepasste Ausstattung in den Wohnungen zum Ziel hat (vgl. Interview Experte 7). Viele dieser Häuser werden aber aus Kostengründen nicht saniert (vgl. Abb. 23, Abb. 24) (vgl. Interview Experte 1). Insgesamt werden die Fassaden dennoch besser geschützt als noch vor 20 Jahren, was die Gesamtsituation und das Erscheinungsbild stark verbessert hat (vgl. Interview Experte 3).

Abbildung 13: Ludwigstraße 36 (Fassade)   **Abbildung 14: Ludwigstraße 27**

Quelle: Eigene Aufnahme (2011).   Quelle: Eigene Aufnahme (2011).

Nur insgesamt sieben der gründerzeitlichen Gebäude befinden sich gerade im Sanierungszustand, wie das in der Goethestraße 30 z. B. (vgl. Abb. 25) (vgl. Anhang E: Karte 4).

Abbildung 15: Goethestraße 30

Quelle: Eigene Aufnahme (2011).

Große baulich-auffällige Neuerungen aus stadtgeografischer Sicht gibt es in dem Untersuchungsgebiet keine, da das Viertel bereits stark verdichtet ist. In den letzten Jahren wurden Lückenschließungen (Südanlage 10) (vgl. Abb. 26) vorgenommen, große Neubauprojekte waren die Südanlage 21, der Ludwigsplatz 11 (Dachcafé), das ehemalige Finanzgebäude (vgl. Abb. 27) wurde für universitäre Nutzung totalsaniert und geplant werden Eigentumswohnungen in der Südanlage 16 (vgl. Abb. 6). Einzelne Erneuerungen des Baubestandes sind hauptsächlich Fassadensanierungen, Anbau von Balkonen oder der Ausbau von Dachgeschossen (vgl. Interview Experte 4/5, Experte 6).

Abbildung 16: Südanlage 10

**Abbildung 17:
Studentensekretariat (ehemaliges Finanzgebäude)**

Quelle: Eigene Aufnahme (2011).   Quelle: Eigene Aufnahme (2011).

Die Aufwertungsmaßnahmen in der Bruchstraße, die von den Bewohnern ausgingen (Bausubstanz und Straßengestaltung), stechen in dem Gesamtgebiet als Aufwertungsquartier hervor. Auch das Universitätshauptgebäude und seine Außenanlagen wurden aufwendig saniert und der Vorplatz attraktiv gestaltet (vgl. Abb. 12). Einzelne Gebäude der Südanlage und der Bismarckstraße wurden bereits und werden weiterhin von der THM (Technische Hochschule Mittelhessen) in Beschlag genommen und aufgewertet (vgl. Interview Experte 10).

Das Gebäude von der Hausverwaltung Menges (Alicenstr. 18) ist ein Beispiel für ein großes Sanierungsvorhaben im Sinne einer Gentrifizierung. Letzteres entstammt aus dem Jahr 1871 und wurde im Krieg teilweise zerstört, lange Zeit besetzt und dann zum Verkauf freigestellt. Die Hausverwaltung Menges kaufte das Wohngebäude, führte eine Kernsanierung durch und vermietet heute hochwertige Luxuswohnungen in den oberen Geschossen des Gebäudes (vgl. Abb. 28, Abb. 29, Abb. 30) (vgl. Interview Experte 7).

Abbildung 28:
Die Alicenstraße 18 im Jahr 1985

Quelle: Untere Denkmalschutzbehörde (1985).

Abbildung 29:
Die Alicenstraße 18 im Jahr 1985 (Fassade)

Quelle: Untere Denkmalschutzbehörde (1985).

Abbildung 18: Alicenstraße 18 heute

Quelle: Eigene Aufnahme (2011).

Beispiele wie das Gebäude in der Alicenstraße 18 treten in dem Untersuchungsgebiet jedoch nur selten auf.

Das Wohngebäude in der Bleichstr. 27 z.B. steht momentan leer und wird in Zukunft ebenfalls saniert. Der Besitzer und Bauleiter dieses Gebäudes wird eine energetische Grundsanierung unter Denkmalschutzbestimmungen durchführen und die Wohnungen zu 100% zu studentischem Wohnen zur Miete freistellen. Sein Interesse besteht darin, das Gebäude zu erhalten und „wieder Studi's einziehen zu lassen, denn wenn nicht hier, wo gehören sie denn sonst auch hin?!" (vgl. Abb. 31, Abb. 32, Abb. 33, Abb. 34, Abb. 35) (vgl. Besitzer des Gebäudes).

Abbildung 19: Bleichstraße 27

Quelle: Eigene Aufnahme (2011).

**Abbildung 20:
Bleichstraße 27 (Seitenfassade)**

Quelle: Eigene Aufnahme (2011).

**Abbildung 33:
Bleichstraße 27 (Treppenhaus)**

Quelle: Eigene Aufnahme (2011).

**Abbildung 34:
Bleichstraße 27 (Innenansicht)**

Quelle: Eigene Aufnahme (2011).

**Abbildung 21:
Bleichstraße 27 im Jahr 1986**

Quelle: Untere Denkmalschutzbehörde (1986).

Betrachtet man alle Veränderungen der letzten Jahre, so ist insgesamt doch von vielen Sanierungen zu sprechen: „Bei den Hauseigentümern hat sich in den letzten Jahren die Bereitschaft zur Sanierung unter den Denkmalauflagen deutlich erhöht" (Interview Experte 9). Bei den Sanierungen handelt es sich nicht um ganze Straßenzüge sprechen, aber um viele individuelle und punktuelle Sanierungen an den Hausfassaden (vgl. Interview Experte 9).

Die Stadt Gießen hat für das Universitätsviertel in Zukunft keine baulichen (Sanierungs-) Maßnahmen geplant, weil sie das Viertel als gut erhalten sieht. Aus diesem Grund steht das Viertel nicht im Mittelpunkt der städtebaulichen Betrachtung (vgl. Interview Experte 3, Experte 2, Experte 8, Experte 4/5). Das Stadtviertel funktioniert von alleine sehr gut und deswegen zeigt die Stadt an diesem Viertel auch kein großes Interesse (vgl. Interview Experte 2).

Der Bebauungsplan Ludwigstraße, der in den 1990er Jahren erstellt wurde, schützt nach wie vor das Wohnen vor einer Übernutzung und Verdrängung durch Dienstleistungen oder Gastronomie (vgl. Interview Experte 4/5). Die Universität plant weiterhin Sanierungsvorhaben in den leerstehenden Universitätsgebäuden rund um das Universitätshauptgebäude und eine Theaterprobebühne für eine kulturelle Aufwertung des Viertels (vgl. Interview Experte 6). Des Weiteren gibt die Stadt immer wieder Reize finanzieller Art für denkmalgeschützte Sanierungsvorhaben.

Da das Untersuchungsgebiet als bereits stark verdichtet gesehen wird, gibt es kein Interesse seitens großer Investoren oder der Stadt Gießen (vgl. Interview Experte 11).

6.3 Funktionsräumliche Struktur des Universitätsviertels

Im Folgenden wird das Universitätsviertel bezüglich seiner infrastrukturellen Ausstattung näher beschrieben. Die Aussagen werden überwiegend durch die Analyse der Kartierungen getroffen, ergänzend hinzugezogen werden die durchgeführte Experteninterviews. Zunächst findet eine Analyse des aktuellen Bestandes statt, der in einem späteren Teil mit der rekonstruierten Kartierung der 1970er Jahre verglichen wird. Anhand des Vergleiches werden Schlussfolgerungen zu einer Veränderung und den Gründen diskutiert.

6.3.1 Funktionsräumliche Struktur im Jahr 2011

Ausgehend von einem innenstadtnahen Wohngebiet kann das Universitätsviertel auch als solches beschrieben werden. „Lässt man die Gaststätten und Kneipen außen vor, so sind

‚Wohnen' und ‚Bildung' die am stärksten ausgeprägten Nutzungen in diesem Gebiet" (Interview Experte 10).

Bei der Erhebung der Erdgeschossnutzungen 2011 wird bei einem ersten Blick auf die Karte (vgl. Anhang B: Karte 1) deutlich, dass die Wohnnutzung die dominierende in dem Viertel darstellt. Von den insgesamt 564 erhobenen Erdgeschossnutzungen 2011 fallen 324 auf die Wohnnutzung zurück, womit das Universitätsviertel als innenstadtnahes Wohnviertel bezeichnet werden kann (vgl. Interview Experte 2).

Ebenfalls stark vertreten sind öffentliche Einrichtungen: insgesamt 39 kartierte öffentliche Gebäude befinden sich im Universitätsviertel, wobei sich eine Dominanz und Häufung öffentlicher Nutzungen im direkten Universitätskarree – um das Universitätshauptgebäude herum – und an der Südanlage zeigt (vgl. Anhang B: Karte1) (vgl. Interview Experte 9). Die Vielzahl der öffentlichen Gebäude sind von der Universität geprägt und werden in Zukunft auch von der Technischen Hochschule Mittelhessen THM belegt werden (Bismarckstraße und Südanlage) (vgl. Interview Experte 6). Öffentliche Einrichtungen sind über das gesamte Gebiet gesehen und im Vergleich zu anderen Nutzungen insgesamt stark vertreten (vgl. Interview Experte 4/5).

Auffallend ist die Überrepräsentation und somit ein Überangebot von Dienstleistungen wie Ärzte (43) und Anwälte (16) (vgl. Anhang B: Karte 1) (vgl. Interview Experte 3). Auf das gesamte Viertel betrachtet, verteilen sich diese Nutzungen im gesamten Gebiet, wobei eine Verdichtung an Hauptachsen wie der Ludwigstraße, der Goethestraße und der Bleichstraße deutlich erkennbar ist (vgl. Anhang B: Karte1). Die mengenmäßig große Ansiedlung von diesen Dienstleistungen spiegelt die Attraktivität dieses Viertels wieder.

Für die Größe dieses Mischgebietes ist der Einzelhandel mit insgesamt 24 dem Einzelhandel zugeordneten Gebäuden (Lebensmittel, Bekleidung, Apotheke, Schmuckbedarf) deutlich unterrepräsentiert (vgl. Anhang B: Karte 1) (vgl. Interview Experte 6, Experte 11) und wird als unzureichend kritisiert (vgl. Interview Experte 3). Erhoben und ausgewertet wurden 21 ansässige Einzelhändler[24] und ihre bereits vor Ort ansässige Dauer (vgl. Anhang F: Einzelhandelsauswertung). Anhand der langen Dauer vieler Einzelhändler ist für den Untersuchungsraum kein Wandel des Einzelhandels feststellbar. Lediglich sieben Einzelhändler befinden sich seit sechs oder weniger Jahren

---

[24] Der Unterschied der Anzahl von kartierten Gebäuden und der ansässigen Einzelhändler selbst kommt dadurch zustande, dass Einzelhändlern teilweise auch mehr Gebäude zuzuordnen waren. So sind zwar 24 Gebäude als 'Einzelhandel' kartiert worden, es befinden aber insgesamt nur 20 Einzelhändler im Universitätsviertel Gießen.

im Universitätsviertel, der Rest ist bereits seit 14 Jahren oder mehr im Gebiet ansässig (vgl. Anhang F: Einzelhandelsauswertung).

Der Gastronomiebestand, insgesamt 28 erhobene Gaststätten und Restaurants, befinden sich fast alle entlang der Ludwigstraße. Vereinzelt ist Gastronomie auch im Riegelpfad und der Stephanstraße vorzufinden (vgl. Anhang B: Karte1). Die Versorgung mit Gastronomie kann als zufrieden stellend betrachtet werden, wobei auch von einer Verdrängung dieser Nutzung gesprochen wird. In den 1990er Jahren gab es eine Ausdehnung der Gastronomie auf der Ludwigstraße, die durch diese Entwicklung zur Kneipenmeile wurde. Eine neue Entwicklung zeigt eine Schrumpfung des Gastronomiebestandes im Universitätsviertel (vgl. Interview Experte 3) (vgl. 6.3.4).

Was bei Betrachtung des Viertels zunächst nicht so aufzufallen scheint, sind die Leerstände. Insgesamt 27 leerstehende Gebäude verteilen sich gleichmäßig über das gesamte Gebiet. Bei den Leerständen handelt es sich allerdings nicht hauptsächlich um leerstehende Gebäude aufgrund von Sanierungsmaßnahmen, sondern um leere Wohnungen oder Geschäftsschließungen (vgl. Anhang B: Karte1).

Des Weiteren sind 47 sonstige Dienstleistungen zu erwähnen, die sich ebenso regelmäßig im Gebiet – mit kleiner Dominanz in der Bleichstraße – verteilen (vgl. Anhang B: Karte1).

6.3.2 Funktionsräumliche Struktur im Jahr 1974

Bei der Rekonstruktion der Erdgeschossnutzungen im Jahr 1974 fällt beim ersten Blick auf diese Karte ebenso auf, dass auch hier die Wohnnutzung deutlich dominierte.

Von insgesamt 452 dargestellten Nutzungen fällt fast die Hälfte (216) auf die Wohnnutzung zurück. Ganze Straßenzüge wie die Bruchstraße, Löberstraße oder Stephanstraße sind durch die Wohnnutzung geprägt und zeichnen sich dadurch aus (vgl. Anhang C: Karte 2).

33 öffentliche Einrichtungen befanden sich im Universitätskarree, worunter die Universität, die Liebigschule, die alte Bibliothek und andere fallen. In der Lessingstraße waren im Jahr 1974 der Wohnbau und das Finanzamt etabliert. Insgesamt waren die öffentlichen Einrichtungen auch schon in den 1970er Jahren stark vertreten (vgl. Anhang C: Karte 2).

Besonders die Dienstleistung Gesundheitswesen war mit 37 erhobenen Gebäuden schon damals stark überrepräsentiert. Diese Nutzung verteilt sich gleichmäßig stark auf das gesamte Viertel. 9 kartierte Anwaltsbüros befanden sich im Universitätsviertel, davon alleine 3 in der Alicentraße in unmittelbarer Nähe zueinander (vgl. Anhang C: Karte 2).

Der Einzelhandel ist im Jahr 1974 mit insgesamt 38 aufgenommenen Erdgeschossnutzungen eine dominante Nutzung im Quartier. Mit dieser Anzahl an Einzelhandelsbestand wurde dem Viertel eine gute Nahversorgung gewährleistet (vgl. Anhang C: Karte 2).

Die Gaststätten und Restaurants sind im Jahr 1974 unterrepräsentiert. Insgesamt nur 13 Gastronomiebetriebe konnten aufgenommen werden, davon auch nur 3 in der Ludwigstraße (vgl. Anhang C: Karte 2).

Für die Kartierung in den 1970er Jahren wurde Gewerbe in den Nutzungskatalog mit aufgenommen, da sich zu dieser Zeit insgesamt 19 Gewerbenutzungen im Gebiet befanden. Besonders die Löberstraße war von Kleingewerbe geprägt (vgl. Anhang C: Karte 2).

Des Weiteren sind 59 sonstige Dienstleistungen zu erwähnen, die sich regelmäßig im Gebiet verteilen (vgl. Anhang C: Karte 2).

6.3.3 Veränderungen im infrastrukturellen Angebot: Vergleich der Nutzungen 2011 und 1974

Vergleicht man die Erdgeschossnutzungen der 1970er Jahre mit denen von 2011, so fällt auf, dass sich einige Veränderungen vollzogen haben, das Viertel ist in seiner Durchmischung ruhiger geworden (vgl. Interview Experte 2).

Über die Jahre gesehen wurde der Einzelhandel aus dem Viertel verdrängt (vgl. Interview Experte 11). Einher ging dieser Prozess mit einer Umstrukturierung im Einzelhandel. Kleine so genannte Tante-Emma-Lädchen wurden nach und nach durch große Ketten ersetzt, die eine große Fläche mit Möglichkeiten für Lagerräume für sich beanspruchen. Für diese Einzelhandelsnutzungen, wie sie heute dominierend sind, bietet das Viertel nicht genügend Einzelhandelsflächen, hat zudem hohe Mieten und keinen Platz zur Expansion (vgl. Interview Experte 7). Durch diese Veränderung spricht man heute sogar im Viertel von Versorgungsengpässen im Einzelhandel (vgl. Interview Experte 1).

Auch das gewerbliche Treiben (Handwerker, Schlosser, Dachdecker) ist nach und nach aus dem Viertel verschwunden (vgl. Interview Experte 2).

Ebenso hat ein Wandel hinsichtlich der Vielfalt des Angebots an Dienstleistungen stattgefunden: in den 1970er Jahren gab es noch mehr Buchhandlungen, kulturelle Einrichtungen, Druckereien oder Damen- und Herrensalons, die seit den 1990er Jahren von den Dienstleistungen Rechtswesen und Gesundheitswesen verdrängt zu sein scheinen (vgl. Interview Experte 9, Experte 10) (vgl. Tab. 11).

Betrachtet man die vorhandene Gastronomie qualitativ, so scheint sich ebenso eine Veränderung vollzogen zu haben. Die Gaststätten und Schankwirtschaften sind zu qualitativ hochwertigeren Kneipen und Restaurants geworden (vgl. Interview Experte 10. Experte 6).

Tabelle 11: Erdgeschossnutzungen 2011 und 1974 im Universitätsviertel Gießen im Vergleich:

Nutzungsform	1974	2011
Einzelhandel	38	8
Wohnen	216	324
Kirchliche Einrichtungen	12	9
Öffentliche Einrichtungen	33	39
Gastronomie	13	28
Rechtswesen	9	16
Gesundheitswesen	37	43
Leerstand	-	27
Gewerbe	19	-
Sonstige Dienstleistungen	59	47
Versicherungswesen	14	3
Schmuckbedarf	-	2
Lebensmittel	-	7
Bildung und Kunst	2	4
Bekleidung	-	3
Apotheke	-	3
Insgesamt	**452**	**564**

Quelle: eigene Darstellung und eigene Erhebung (2011).

6.3.4 Von der Whiskeymeile zum ruhigen Wohngebiet

„Betrachtet man das Angebot der Kneipen über die Jahrzehnte hinweg, so ist eine Schrumpfung der Gastronomie deutlich zu erkennen" (Interview Experte 10, vgl. Experte 11). Erkennbar ist ein Rückgang der einfachen studentischen Kneipen zu höherwertig gestalteten Gaststätten (vgl. Interview Experte 6, Experte 8, Experte 7). An dieser Stelle sei ein Beispiel zur Verdeutlichung zu erwähnen: der Gastronomiebetrieb Die Kate, der sich in der Stephanstraße befindet, war in den 1990er Jahren eine Kneipe im klassischen Sinne. Das Angebot und die Ausstattung waren auf ein studentisches und junges Publikum abgestimmt, welches auch von vielen Besuchern aus anderen Stadtteilen Gießens wahrgenommen wurde. Nach aufwendigen Sanierungen und Umgestaltungen spricht diese Gaststätte durch ihr äußeres Erscheinungsbild und ein hochwertigeres Angebot nun ein anderes, einkommensstärkeres Klientel an.

Auch das Dachcafé am Ludwigsplatz wurde saniert, hochwertig umgestaltet und ist heute ein hoch frequentiertes modernes Restaurant mit Bar-Lounge-Bereich, das sowohl junges als auch älteres Publikum anspricht (vgl. Abb. 36, Abb. 37) (vgl. Interview Experte 2).

Abbildung 22: Das Dach-Café am Ludwigsplatz heute

Abbildung 23: Das Dach-Café am Ludwigsplatz im Jahr 1986

Quelle: Eigene Aufnahme (2011).   Quelle: Untere Denkmalschutzbehörde (1986).

Des Weiteren wurden in der Ludwigstraße über die Jahre viele Kneipen geschlossen, wechselten den Besitzer oder gingen Pleite. Einige dieser Kneipen, wie das Havanna in der Ludwigstraße, wurden nach den Schließungen sogar aufwendig zu Wohnungen umsaniert. Durch diese Entwicklung und Umgestaltung in der Gastronomie wird deutlich, dass es für die Kneipenbesitzer schwierig ist, ihre Betriebe aufrecht zu erhalten, weil sich einerseits der Kundenstamm verändert und andererseits auch mit den neuen Kunden ein vielfältigeres Angebot wachsen muss, was wiederum mit Kosten verbunden ist.

Das Takt und das Ihring's in der Ludwigstraße z.B. waren vor ca. fünf Jahren noch beliebte und gut besuchte Bars, während sie heute wenig frequentiert werden und ihre Räumlichkeiten aus wirtschaftlichen Gründen auch für Veranstaltungen vermieten (vgl. Interview Experte 2).

Grund für diese Entwicklung könnte der allgemeine Trend des Weggehverhaltens junger Menschen sein. Diese Entwicklung meint ein verändertes Szene-Bedürfnis junger Menschen: typische Kneipen der 1990er Jahre sind nicht mehr so attraktiv wie sie es früher einmal waren (vgl. Interview Experte 10). Jungen Menschen, insbesondere auch Studenten, haben ihre Anspruchhaltung der Gastronomie gegenüber verändert. Heute gehen Studenten z.B. lieber schicker aus, gehen gelegentlich auch gerne Essen und sind auch bereit dazu, für das Ambiente und das Angebot mehr zu zahlen (vgl. Interview Experte 6).

Ein weiterer Grund für die Veränderungen in der Gastronomie ist der ansteigende Trend in attraktiver innenstadtnaher Lage zu Wohnen. Gastronomie und Wohnnutzungen in unmittelbarer Nähe zueinander bringen oftmals eine Anwohnerproblematik mit sich, die oft zu Konflikten zwischen Anwohnern und Kneipenwirten führen kann (vgl. Interview Experte 10).

Zusammenfassend aus den Beobachtungen und den Experteninterviews lässt sich ein Trend, der sich durch die gesamte Kneipenmeile (mit Ausnahme von der Kneipe Ascot) zieht, erkennen: es vollzieht sich eine Wandlung hin zu einer Restaurantmeile mit vielfältigem und hochwertigerem Angebot. Durch die bereits angesprochene Schrumpfung der Gastronomie ist auch der Ruf der Ludwigstraße als Kneipenstraße gefährdet. Man könnte sogar davon sprechen, dass Kneipen heute kein Symbol mehr für die Ludwigstraße darstellen (vgl. Interview Experte 10). Die Ludwigstraße, die seit den 1990er Jahren eine hoch frequentierte Whiskey-/Kneipenmeile war ist seit Jahren einem Rückgang ausgesetzt, der die Attraktivität des Viertels als Wohnstandort unterstützt (vgl. Interview Experte 2).

Besonderes Augenmerk ist auf ein Café zu richten, dass im Zusammenhang mit der Veranstaltung Fluss mit Flair (vgl. 6.4) zunehmend in den Mittelpunkt gerückt ist und eine Aufwertung durchlebt hat (vgl. Interview Experte 1). Das Café de Paris (vgl. Abb. 38) in der Bismarckstraße (Ecke Löberstraße) ist im Vergleich zu den klassischen Ludwigstraßen- Kneipen stark auf die Anwohner des Viertels ausgerichtet und spiegelt die Eigenschaft Kunstszene, die eng mit den Viertel in Verbindung gebracht wird, wieder, weil sie mit in die Aufwertungsmaßnahmen für das Café aufgenommen wurde (vgl. Interview Experte 1, Experte 10). Mit der Aufwertung, einer Genehmigung zur Außenbewirtschaftung und einer Modernisierung, hat das Café ein Flair bekommen und wird seitdem von Bewohnern aller Altersstufen, besonders den jungen, gut besucht (vgl. Interview Experte 1).

Abbildung 24: Das Café de Paris

Quelle: Eigene Aufnahme (2011).

Nicht nur dieses Café, sondern auch das Vanilla (vgl. Abb. 39) in der Goethestraße z.B. erlebt einen Wandel hinsichtlich ihrer Kundschaft: zunehmend beziehen sie sich stark auf die Anwohner im Gebiet, legen ihre Werbung darauf aus und passen das Angebot dementsprechend an. In den 1990er Jahren waren die Gaststätten noch Anziehungspunkt für alle Menschen, die feiern wollten, während sich das Publikum heute auf die Bewohner des Viertels beschränkt (vgl. Interview Experte 10).

Abbildung 25: Das Vanilla in der Goethestraße

Quelle: Eigene Aufnahme (2011).

6.4 Image des Universitätsviertels Gießen

Vorweg ist es wichtig, erneut zu erwähnen und zu betonen, dass der Name des Viertels bei der Gießener Bevölkerung nicht etabliert ist, so dass der Erfahrung nach der Quartiersname Universitätsviertel bei den Gießener Bürgern nicht gefestigt ist. Wurde aber ein erster Blick auf das abgegrenzte Untersuchungsgebiet geworfen, so war den Experten klar, dass es sich um dieses Viertel handelt, weil es mit dem Universitätshauptgebäude in der Ludwigstraße in Verbindung gebracht wird. Viele assoziieren das Viertel, insbesondere die Liebig- und die Wilhelmstraße, als Südviertel, den Ludwigsplatz als Innenstadtbereich.

Wenn von Image gesprochen wird, so sollte beachtet werden, dass dieser Begriff ein sehr weit gefasster ist, immer mit subjektiven Eindrücken und Erfahrungen einhergeht und als ein Gesamt- und Stimmungsbild wiedergegeben wird. Der Gesamteindruck über ein bestimmtes Gebiet kann deswegen nicht pauschal übertragen werden, weil er stark subjektiv ist.

Unbeachtet des Gießener Stadtimages weist das Universitätsviertel auf die Gesamtstadt betrachtet ein gutes Image auf und besitzt einen attraktiven Charakter. Andere Viertel Gießens werden als austauschbar gesehen, das Universitätsviertel allerdings nicht, weil es sich durch ein besonderes Flair auszeichnet. Ein baulich- hochwertiger Baubestand mit vielen Dienstleistungen und einem Angebot an Gastronomiebetrieben tragen im Gesamtzusammenhang zu einem positiv besetzten Image bei (vgl. Interview Experte 10). Die baulichen Gestaltungsstrukturen (vgl. 6.2) verleihen dem Viertel einen intimen und gemütlichen Charakter (vgl. Interview Experte 1).

Teilt man das Viertel in Quartiere ein, so kann jedem Quartier zusätzlich ein individuelles Image zugeordnet werden. Die Ludwigstraße, die Stephanstraße, die Bleichstraße und der Riegelpfad sind stark durch Wohngemeinschaften geprägt, sehr lebhaft und spiegeln ein studentisches aktives Leben wieder. Die Löber- und Lonystraße, die Wilhelmstraße, die Alicenstraße und die Liebigstraße hingegen sind ruhiger und stark vom Gießener Kleinbürgertum geprägt. Ebenso sticht die Bruchstraße aus dem Viertel als ein besonders Quartier mit eigenem Flair hervor und ist in seiner Bewohnerschaft stark durchmischt (vgl. Interview Experte 6, Experte 2). Der Riegelpfad hatte vor langer Zeit ein sehr schlechtes Image, eine hohe Fluktuation und sehr schlechte Bausubstanz. Durch den Verkauf der Wohnhäuser an Private und die darauf folgenden Sanierungen ist aus diesem Straßenzug ein studentischer und lebhafter mit besserem Ruf geworden (vgl. Interview Experte 11).

Die Innenstadtnähe trägt zusätzlich zur Attraktivitätssteigerung des Viertels bei, weil der Freizeitfaktor durch die Nähe und das vielfältige Angebot erweitert wird (vgl. Interview Experte 7). Als gute Adresse gilt das Viertel zusätzlich durch die Ansiedlung vieler Dienstleistungen (vgl. 6.3.1), die für eine positive Außenwahrnehmung sorgen (vgl. Interview Experte 4/5).

Aufgewertet wird das Viertel entlang der Löber- und Lonystraße durch die Wieseck, die dem Quartier das Image eines innenstadtnahen, aber auch verhältnismäßig ruhigen und grünen Viertel verleiht (vgl. Interview Experte 2).

Ein weiteres Highlight ist das modernisierte Dachcafé am Ludwigsplatz, das durch seine Umbaumaßnahmen durchweg alle Altersstufen anzieht und einen neuen gastronomischen Anziehungspunkt in dem Viertel bildet (vgl. 6.3.4) (vgl. Interview Experte 3).

Geht es um die Außenwahrnehmung über das Universitätsviertel, so kann man davon sprechen, dass viele weitestgehend positiv über das Wohngebiet urteilen (vgl. Interview Experte 10). Besonders einzelne Straßenzüge wie die Bruchstraße, die Henselstraße, die Goethestraße, die Löber- und Lonystraße, die Liebigstraße oder die Wilhelmstraße werden als ein attraktives und beliebtes Wohngebiet gesehen. Eine deutlich bessere Wahrnehmung entsteht des Weiteren durch die Sanierung des Uni-Hauptgebäudes und des Vorplatzes, der umgestaltet und aufgewertet wurde (vgl. Interview Experte 6).

In der Öffentlichkeit hört man wenig über das Viertel (vgl. Interview Experte 8, Experte 11). Von Außenstehenden und Touristen wird das Viertel (mit Ausnahme einiger Gaststätten) nicht stark frequentiert, da es mit Ausnahme von Festen ein Wohnviertel ist, das wenige kulturelle oder historische Attraktionen bietet (vgl. Interview Experte 3).

Eine Problematik, die in der vorlesungsfreien Zeit entsteht, ist eine Fluktuation der Studierenden, die für mehrere Wochen in ihre Heimatstädte fahren und zur Vorlesungszeit erst wieder kommen. In diesen Zeitabschnitten wirkt das Viertel oft sehr unbelebt und viel ruhiger (vgl. Interview Experte 6). Einige urteilen negativ über diese Tatsache, anderen hingegen fällt dies positiv auf.

Diskutiert man über das Image des Universitätsviertels, so ist besonders Augenmerk auf die Bruchstraße und die Löber- und Lonystraße zu werfen.

Die Anwohner und Hausbesitzer der Bruchstraße haben 1980 eine Interessensgemeinschaft gegründet, die sich zunächst bei der Stadt Gießen stark für eine Außensanierung der Straßen einsetzte (vgl. Interview Experte 1). „Die Beharrlichkeit der Initiative hat dazu geführt, dass die Planungswünsche der Bürger 1988 im Sinne eines gewollten Umbaus durchgeführt wurden" (Interview Experte 1). Am 09. Januar 1989 wurde die verkehrsberuhigte, mit historischem Bogenpflaster und erstmaliger Bepflanzung versehene neue Bruchstraße eingeweiht. Die Auswirkungen dieses Umbaus sind auch heute noch sichtbar, denn die Bruchstraße hat den Ruf der schönsten Straße Gießens (vgl. Abb. 40, Abb. 41).

Abbildung 26:
Die Bruchstraße vor der Umbaumaßnahme (1985)

Abbildung 27: Die Bruchstraße heute

Quelle: Untere Denkmalschutzbehörde (1985).   Quelle: Eigene Aufnahme (2011).

Aus dieser Interessensgemeinschaft entstanden im Laufe der Zeit die traditionellen Bruchstraßenfeste (http://www.bruchstrasse-giessen.de/, Aufruf: 14.06.2011), welche im Laufe der Zeit eine so große Beliebtheit errungen haben, sodass auch viele Menschen von außerhalb zum Fest strömen. Im Jahr 2009 feierten die Anwohner Jubiläum, das 25. Bruchstraßenfest in Folge. Das Wesentliche bei diesem Volksfest ist der gemeinnützige Zweck, der eine große Symbolwirkung bei den Bürgern Gießens erreicht hat (vgl. Interview Experte 1).

Die Wahrnehmung der Löber- und Lonystraße wird durch eine Veranstaltung geprägt, die sich ‚Fluss mit Flair' nennt. Die Initiative dieses Kunstfestes ist von der lokalen Agenda 21 Gießen[25] ausgegangen, die sich mit einer gestalterischen Aufwertung der Stadt befasst. Eine der wichtigsten Maßnahmen der Lokalen Agenda 21 Gießen ist die Umsetzung des Handlungsprogramms zur Aufwertung des Flusses Wieseck. Ziel dieses Konzeptes ist es, den Fluss in mehrfacher (auch ökologischer) Hinsicht aufzuwerten, einladender zu gestalten und als einen Naherholungsbereich zu einem Teil des städtischen Lebens zu machen (vgl. http://www.flussmitflair.de/Projektbeschreibung.html, Aufruf: 14.06.2011). Die Projektgruppe Fluss mit Flair und viele der Anwohner unterstützen die Lokale Agenda 21-Gruppe Stadt mit Flair, um einen Aufwertungsprozess in kultureller Hinsicht zu erzielen: höchste Priorität hatte bei der Gestaltung des Konzepts die Maßnahme Kunst an der Wieseck, die jedes Jahr unter einem anderen Motto vorbereitet wird.

So präsentieren seit 2006 immer wieder unterschiedliche Künstler ihre Werke entlang der Wieseck. Eine Beliebtheit, wie die des Bruchstraßenfestes, konnte das junge Fest zwar noch nicht erlangen, dennoch wird es von Jahr zu Jahr bekannter, besser besucht und rückt das Viertel weiter in den Mittelpunkt (vgl. Interview Experte 1).

Für rege Diskussionen in der Öffentlichkeit reichen die Veranstaltungen nicht aus. Die Öffentlichkeit diskutiert insgesamt, ob positiv oder negativ, sehr wenig über das Viertel (vgl. Interview Experte 1, Experte 11). Generell gibt es zwar Anregungen über die Universitätsumnutzungen, die seit einiger Zeit geplant werden, über Feste wie das Bruchstraßenfest oder Fluss mit Flair, dennoch steht das Viertel nicht im Diskurs der Öffentlichkeit (vgl. Interview Experte 9, Experte 10). Spricht man von Öffentlichkeit, so muss man bedenken, dass mit der Öffentlichkeit eng verbunden auch Entscheidungen von Politikern stehen, die durch ihr Handeln (Planung, finanzielle Unterstützung) Themen zur Sprache bringen. Z.B. wird die Löber- und Lonystraße in Zukunft in Verbindung mit der Landesgartenschau 2014 aufgewertet werden: vom Berliner Platz bis zur Mündung soll ein Fußweg entstehen, die Löber- und Lonystraße soll zu einer Parkspielstraße umgestaltet

---

[25] „Der Förderverein ‚Lokale Agenda 21 Gießen' hat die Zielsetzung, die Aktivitäten der Lokalen Agenda 21 in Gießen sowohl ideell als auch konkret durch eigene Aktivitäten und finanzielle Beiträge zu unterstützten. Der Förderverein handelt gemeinnützig und hat es sich zur Aufgabe gemacht, die Bürgerinnen und Bürger der Region Mittelhessen für die Nachhaltigkeit zu interessieren und zu aktivieren" (http://www.agenda21-giessen.de/index.php?article_id=56, Aufruf: 20.06.2011).

werden. Dieses Konzept führte bereits zu Streitigkeiten wegen der Parkraumsituation und gelangte aus diesen Gründen in der breiten Öffentlichkeit zur Diskussion (vgl. Interview Experte 2, Experte 6). Durch diese Umgestaltung entstanden große Emotionen. Wenn diese zur Sprache gebracht werden, so entstehen Diskussionen in der Öffentlichkeit. Finden allerdings wenige emotionale (positiv oder negativ) Planungen, Umstrukturierungen etc. statt, so besteht auch kein Bedarf über ein Viertel zu diskutieren (vgl. Interview Experte 8). Negativ anzumerken ist der Verkehr in dem Viertel. Die Verkehrsführung und die Parksituation werden im Allgemeinen als negativ bezeichnet. Mit negativ wird die stark belastende Lautstärke durch den entstehenden Verkehr, insbesondere an den Hauptachsen wie der Ludwigstraße, der Bleichstraße, der Südanlage oder der Bismarckstraße, bezeichnet (vgl. Interview Experte 11).

7 ABSCHLUSSDISKUSSION

In diesem Teil der Arbeit werden alle behandelten Aspekte aufgegriffen und in den Rahmen des Gentrifizierungskontextes gestellt. In der Diskussion sind Aussagen der befragten Experten, eigene Beobachtungen und Gespräche, Nutzungs- und Gebäudekartierungen sowie Erfahrungsberichte enthalten.
Zunächst findet eine Unterteilung und Kategorisierung der darzustellenden Aspekte in Argumente für und gegen Gentrifizierungstendenzen im Universitätsviertel statt, die in dem darauf folgenden abschließenden Fazit zusammengefasst und abgewogen werden.

7.1 Gentrifizierungstendenzen im Untersuchungsgebiet

Das Universitätsviertel Gießen ist in seiner Bewohnerstruktur stark durchmischt. Der hohe Anteil der Studenten (Pioniere, vgl. 2.1.2.1) spricht zwar für die Grundvoraussetzung eines Gentrifizierungsprozesses in der ersten Phase der Entwicklung (vgl. 2.2.2), doch durch die von allen Interviewpartnern erwähnte, aufs Gesamtgebiet bezogene, relativ gleich bleibende Bevölkerungsstruktur können keine Rückschlüsse auf einen Austausch von Bevölkerungsgruppen oder einen vermehrten Zuzug von Pionieren gezogen werden (vgl. 6.1.1).
Der Eindruck eines besonders lebhaften Viertels, wie es so oft beschrieben wird, entsteht hauptsächlich durch das junge Publikum und die sich in der Ludwigstraße und ihren Nebenstraßen angesiedelte Gastronomie. Kleinere Veränderungen wie die im

Universitätskarree, ein Rückgang Älterer zugunsten von einkommensstarken Mittelalten und ein vermehrter Zuzug von einkommensstarken Professoren und Dozenten deuten dennoch auf eine Veränderung hin (vgl. 6.1.1).

Des Weiteren wird im Zusammenhang mit einigen Projekten ein Wandel in der Bevölkerungsstruktur prognostiziert: unter dem Trend zurück in die Stadt werden vorwiegend junge wohlhabende Paare in dieses Viertel ziehen. Die attraktive Lage, die Nähe zur Universität und zur Innenstadt, die hochwertige Bausubstanz und die bunte Mischung des infrastrukturellen Angebots könnten durch Neubauprojekte wie die Südanlage 16 oder die leerstehenden Universitätsgebäude einen dem Sukzessions-Invasions-Zyklus (vgl. 2.2.1) entsprechenden Austausch einiger Bevölkerungsgruppen zur Folge haben.

Die Mietpreise des Viertels werden als gleich bleibend bezeichnet, wobei die Mietpreise auf die Gesamtstadt betrachtet höher sind als in anderen Stadtteilbereichen (vgl. 6.1.3). Diese Tatsache spricht für eine hohe Attraktivität des Viertels als Wohnstandort. Des Weiteren steigen die Mieten in unmittelbarer Nähe zu großen Neubauprojekten in etablierter Lage, wie der Südanlage 10. Dieses Bauvorhaben hat großen Einfluss auf das Quartier (vgl. Interview Experte 11). Es sind hochwertige Eigentumswohnungen, Mietwohnungen und Bürobereiche im Erdgeschoss entstanden. Laut Erfahrungsberichten sind die Mietpreise für diese Wohnungen im Vergleich zu anderen Straßen des Untersuchungsgebietes höher, die Ausstattung sehr gehoben und die Größe der Wohnungen großzügig gestaltet (vgl. Erlebnisbericht einer Freundin/Mieterin der Südanlage 10). Der Investor dieses Bauvorhabens hatte die Absicht ein modernes und qualitativ- hochwertiges Wohnhaus zu errichten und sah das Potenzial und die Attraktivität in dem innenstadtnahen Universitätsviertel für die Errichtung und die Nachfrage eines solchen Wohn- und Bürogebäudes (vgl. Informationen von Haus und Grund Gießen, keine Aufzeichnung aus Anonymitätsgründen). Das Beispiel der Südanlage 10 kann als eine Aufwertungsmaßnahme in sozialer und baulicher Sicht verstanden werden.

Auch die Umgestaltung des Dachcafé-Hochhauses hat das Viertel stark geprägt. Nach notwendiger, aber auch aufwändiger und kostspieliger Sanierung entstanden in dem Hochhaus am Ludwigsplatz Wohnungen mit gehobenen Mieten (bei Neubezug) und das neue Dach-Cafe, ein exklusives und hochfrequentiertes Restaurant mit Bar-Lounge-Bereich. Weder Café noch Wohnungen sind mit der früheren Ausstattung zu vergleichen. Diese Umgestaltung wird als Aufwertungsmaßnahme des gesamten Ludwigsplatzes verstanden. Der bauliche Anblick, das Image dieses Gebäudes und somit auch das des gesamten Ludwigsplatzes haben sich durch diese Entwicklung wesentlich verbessert.

Auch das Gebäudealter (vgl. Anhang D: Karte 3) und der erhobene Gebäudezustand (vgl. Anhang E: Karte 4) stellen Indizien für eine Aufwertung im Untersuchungsgebiet dar, denn mehr als die Hälfte der erhobenen Gebäude wurden als gründerzeitliche Bauten, die unter Denkmalschutz stehen, eingeordnet. Der Denkmalschutz der Gebäude kann als Chance dafür gesehen werden, dass sich im Ergebnis nach vielen Sanierungen das Viertel im Vergleich zu anderen Stadtteilen durch Charme und mehr Attraktivität auszeichnen wird (vgl. Interview Experte 11).

Der allgemeine Sanierungsgrad im Untersuchungsgebiet wird als relativ hoch eingestuft: von 320 erfassten gründerzeitlichen Bauten sind zwei Drittel bereits saniert oder teilsaniert. Einschätzungen nach wird die Instandhaltung der Gebäudesubstanz in diesem Viertel von den Eigentümern am besten umgesetzt (vgl. Interview Experte 10). Obwohl das Gebiet einige bauliche Mängel aufweist (vgl. 6.2.2), so kann dennoch auch in einzelnen Beispielen von einer erheblichen baulichen Aufwertung gesprochen werden. Beispiele hierfür wären das Universitätshauptgebäude und sein Vorplatz, das ehemalige Finanzgebäude.

Das ehemalige Finanzgebäude in der Goethestraße wurde von der Universität für Verwaltungszecke modernisiert und kernsaniert, um eine Zusammenlegung mehrerer Verwaltungsabteilungen zu vollziehen. Das Gebäude selbst und der Vorplatz wurden modern gestaltet und erheblich aufgewertet. Ebenso wurden die Fassade des Universitätshauptgebäudes und sein Vorplatz saniert und attraktiv gestaltet. Besonders durch eine Umgestaltung des Vorplatzes bekommt das Universitätshauptgebäude ein positiveres Bild und lädt mit seinem angenehmen Ambiente viele Studierenden zum Verweilen ein.

An dieser Stelle sei außerdem ein Beispiel, hervorgegangen aus dem Interview mit der Hausverwaltung Menges, zu erwähnen, das im Sinne eines Gentrifizierungsprozesses umgestaltet und saniert wurde (vgl. 6.2.2). Das gründerzeitliche Gebäude, die Alicenstraße 18, wurde von der Familie Menges zunächst für Bürozwecke gekauft und aufwändig saniert. Daraufhin wurden Luxuswohnungen in den oberen Geschossen errichtet. Mutmaßungen über die gute Lage und eine sichere Kapitalanlage (vgl. 2.2.2) stellten sich als richtig heraus, denn kaum waren die Wohnungen saniert und zum Verkauf frei gestellt, waren sie auch zu hohen Preisen verkauft worden (vgl. Interview Experte 7).

Geht man von einer großen Sanierungswelle im Gentrifizierungsprozess aus (vgl. 2.1.1), so kann trotz der Beispiele für das Viertel nur in kleinem Maße davon gesprochen werden. Die attraktiven gründerzeitlichen Baustrukturen werden von ihren Eigentümern gepflegt, denn sie sind darum bemüht, sich ihrer Nachbarschaft anzupassen und ein geschlossenes Bild zu repräsentieren (vgl. Interview Experte 10).

Die funktionsräumliche Struktur des Viertels, die mittels der Nutzungskartierung untersucht wurde, hat ergeben, dass der aufgezeigte Wandel der Gastronomie für einen Aufwertungsprozess sprechen kann. Das Angebot und die Nachfrage nach hochwertigen Produkten und schön gestalteten Sitzmöglichkeiten in den Gaststätten sprechen für eine generelle Wandlung des Ausgehverhaltens junger Menschen, aber auch für eine mögliche Angebotsoptimierung an die Bewohner des Viertels im infrastrukturellen Bereich (vgl. 2.2.4). Zu verzeichnen ist ein Rückgang uriger typischer studentischer Kneipen aus der Ludwigstraße hin zu einer Restaurantmeile, die ein höherwertigeres Angebot und damit auch ein anderes Publikum anzusprechen scheint (vgl. Interview Experte 10). Durch eine Angebotsoptimierung und Umgestaltung kann von einem Bewohnerwechsel ausgegangen werden, der diese Veränderung begünstigt.

Besonderen Stellenwert hinsichtlich einiger Aufwertungsmaßnahmen besitzt das Café de Paris in der Bismarckstraße (Ecke Löberstraße) (vgl. 6.3.4). Dieses Café ist im Vergleich zu anderen Gaststätten stark auf die Anwohner des Viertels ausgerichtet und gestalterisch darauf abgestimmt. Es wurde im Zusammenhang mit der jährlichen Kunstausstellung Fluss mit Flair aufgewertet und soll die Eigenschaft Kunstszene, die das Quartier um die Wieseck zu repräsentieren versucht, widerspiegeln (vgl. Interview Experte 1). Gerade diese Eigenschaft spiegelt eine kulturelle Aufwertung im Gentrifizierungsprozess wider, die die Gruppe der Gentrifier anspricht und durch die das Viertel erst verlockend und interessant wird. Dafür verantwortlich sind Pioniere, die in der Literatur als die Wegbereiter der Gentrification mit künstlerisch-kreativen Berufen und einer alternativen Szene beschrieben werden (vgl. 2.1.2.1).

Eine weitere geplante kulturelle Aufwertung soll sich im Universitätsviertel durch eine Kultur- und Theaterbühne in der Nähe des Universitätshauptgebäudes vollziehen. Weitere Angaben zu diesem Projekt konnten leider nicht recherchiert werden, da die Planungen dazu zum heutigen Zeitpunkt noch laufen. So viel ist aber sicher: das Konzept hat eine kulturelle Aufwertungsmaßnahme zum Ziel, die dem Image des Viertels zu Gute kommen soll (vgl. Interview Experte 6).

Das zuvor angesprochene Kunstfest Fluss mit Flair stellt ebenso eine Aufwertungsmaßnahme dar: dabei spielt die öffentliche Seite eine wichtige Rolle, die durch diese Veranstaltung das Image des Quartiers fördert und das Quartier um die Wieseck in kultureller Hinsicht aufwertet (vgl. 6.4).

Das Bruchstraßenfest könnte ebenso als eine Aufwertungsmaßnahme gesehen werden, hat aber wegen der langjährigen Tradition keine neuen kulturellen Absichten für das Viertel und ist außerdem eine Initiative von den Anwohnern der Straße selbst.

Eine zukünftige Aufwertungsmaßnahme, die von der Stadt Gießen geplant ist, sind die Maßnahmen zur Umgestaltung der Wieseck im Zusammenhang mit der Landesgartenschau 2014. Für den Bereich der Löber- und Lonystraße werden baulichen Verbesserungen stattfinden und eine ökologische Aufwertung des Flusses (vgl. 6.4). Weitere Informationen zu den geplanten Maßnahmen werden formuliert und waren aus diesen Gründen noch nicht öffentlich zugänglich.

7.2 Entwicklungen, die gegen einen Gentrifizierungsprozess sprechen

Ausgehend von einem Bevölkerungsaustausch im Sinne einer Gentrifzierung (vgl. 2.2.1) kann dieser Aspekt für das Universitätsviertel modellhaft nicht bestätigt werden. Zwar ist das Gebiet ein überwiegend studentisches (vgl. 6.1), was für die erste Phase der Gentrifizierung sprechen würde (vgl. 2.2.2), doch durch die frühe Ansiedlung der Universität war dieses Viertel schon immer stark durch Studenten geprägt. Bei diesem Aspekt darf dennoch nicht übersehen werden, dass das Gebiet Potenzial besitzt, durch Gebietsmodernisierungen und -sanierungen, den Trend zurück in die Stadt und die Attraktivität der Innenstadtnähe und der Bausubstanz, einmal einem solchen Austausch ausgesetzt zu sein. Diese Veränderung bedarf jedoch einiger zukünftiger Entwicklungen, die von anderen Faktoren abhängig sind.

Einige Ausnahmen bilden z.B. der Riegelpfad, der einen Bevölkerungsaustausch von einem Arbeiterquartier zu einem Studentenquartier durchlebt hat (vgl. Interview Experte 9, Experte 6) und einige andere Straßen um das Universitätshauptgebäude. Insgesamt kann aber von keiner flächendeckenden Entwicklung im Untersuchungsgebiet gesprochen werden, weil nur vereinzelte und punktuelle Veränderungen der Bevölkerungszusammensetzung sichtbar werden (vgl. 7.1).

Für Faktoren, die einen Invasions-Sukzessions-Zyklus (vgl. 2.2.1) begünstigen würden, ist aber ebenso kein allgemeiner Trend erkennbar. Vereinzelt sind Mietpreissteigerungen (bei Neubauten oder Neuvermietungen) erkennbar, doch vollziehen sich über das gesamte

Gebiet betrachtet keine großen Mieterhöhungen infolge aufwändiger Gebäudesanierungen (vgl. 6.1.3). Trotz der vergleichsweise hohen Mieten (vgl. 6.1.3) im Untersuchungsraum kann kein schleichendes Umkippen des Viertels aufgezeigt werden (vgl. Interview Experte 8). In der Bleichstraße 27 z.b. (vgl. 6.2.2) wird ein gründerzeitliches Gebäude mit dem Ziel einer Wiedervermietung an Studenten energetisch saniert und modernisiert. Der Hauseigentümer hat nicht die Absicht, modernisierte Luxuswohnungen zu einem hohen Mietpreis zu errichten. Für ihn steht fest, dass das Haus durch seine Lagequalität (stark befahrene Straße) keine hohen Mieten erzielen wird und optimal für Studenten auszurichten ist. Die Mieten werden nach dem Umbau zwar angehoben werden, aber nicht mit der Absicht ein einkommensstärkeres Publikum anzusprechen (vgl. Kurzinterview mit dem Hauseigentümer). Hieraus wird deutlich, dass sich die Eigentümer im Universitätsviertel keinem Trend einer Veränderung des Viertels bewusst sind und somit auch in ihrem Handeln keine Absichten für Luxuswohnungen und ein einkommensstarkes Publikum enthalten sind.

Große Bauvorhaben mit Luxus- und Eigentumswohnungen wie die in der Südanlage 10 sind zwar Aufwertungsmaßnahmen im Sinne einer Gentrifizierung, finden allerdings nur vereinzelt in dem Viertel statt. Große Sanierungsvorhaben, die auf zukünftige Kündigungen hindeuten, bestehen nicht, womit auch kein Trend eines Wegsanierens erkennbar wird.

Die bauliche Dimension eines Gentrifizierungsprozesses (KRAJEWSKI 2006) meint eine Erneuerung des Gebäude- und Wohnungsbestandes, die von privaten Investoren getragen wird und eine bauliche Gebietssanierung zum Ziel hat (vgl. 2.2.4). Betrachtet man den Sanierungsgrad des Universitätsviertels, so wird schnell deutlich, dass sich der Bestand zwar in einem guten Zustand befindet, zum Erhebungszeitpunkt allerdings nur sechs Gebäude saniert werden. Große Gebietsveränderungen sind durch die gute Instandhaltung der Gebäude nicht feststellbar.

Eine weitere und wichtige Eigenschaft, die dem Untersuchungsviertel fehlt und deswegen gegen einen Gentrifizierungsprozess spricht, sind die Einflüsse, die von Investoren und Behörden in einem solchen Prozess geleistet werden. Die Ziele von großen Investoren, die sich am Prozess beteiligen, sind eng an Gewinnerwartungen geknüpft (vgl. 2.3.2). Die Gebäude, die sich im Universitätsviertel befinden, mit Ausnahme der öffentlichen Einrichtungen, stehen der Stadt nicht zur Verfügung, weil sie Privateigentum sind. Die Steuerung von außen, wie sie z.B. in der Südanlage 10 aufgrund eines freien Grundstückes stattfinden konnte, ist im übrigen Quartier durch die Privateigentümer stark eingeschränkt und hemmt so einen möglichen und schnellen Veränderungsprozess durch Investoren, Planungsbehörden etc.

Der Eingriff der Stadt gelingt allerdings bei Sanierungen unter Denkmalschutzauflagen: bei diesen Aufwertungsmaßnahmen vergibt die Stadt Zuschüsse an die Hauseigentümer und begleitet den Sanierungsprozess. Der Denkmalschutz der Gebäude kann als Chance (vgl. 7.1), aber auch als Restriktion für Gentrifizierungstendenzen gesehen werden, da die Sanierung unter Denkmalschutzbestimmungen sehr kostspielig ist.

Bei der funktionsräumlichen Struktur des Viertels ist aufgefallen, dass ein Rückgang des Einzelhandels zu verzeichnen ist (vgl. 6.3.3), eine Entwicklung, die gegen eine funktionale Aufwertung des Viertels spricht. Mit einer funktionalen Aufwertung eines gentrifizierten Gebietes wird eine Etablierung vieler kultureller Einrichtungen und eines höherwertige Einzelhandels verstanden (vgl. 2.2.4), die sich nach den Gebäude- und Nutzungskartierungen in dem Untersuchungsgebiet nicht bestätigt haben. Bei dem Vergleich der Erdgeschossnutzungen 2011 und 1974 ist ein deutlicher Rückgang des Einzelhandels sichtbar. Betrachtet man dennoch die vorhandenen Einzelhändler, so kann schon von hochwertigen Nutzungen gesprochen werden: ein Öko-Lebensmittelladen, hochwertiger Schmuckbedarf, eine Label-Bekleidungsladen etc. Bei der Auswertung der Einzelhändler im Untersuchungsgebiet ist ebenso aufgefallen, dass nicht nur ein Rückgang des Einzelhandels zu verzeichnen ist, sondern auch eine Stabilität der ansässigen Läden und somit auch keine Fluktuation und Etablierung neuer und hochwertiger Einzelhandelsgeschäfte. Diese Verringerung und Entwicklung spricht gegen eine funktionale Aufwertung im Sinne eines Gentrifizierungsprozesses.

Rückt das Wohnen als Nutzung in einem Gebiet in den Mittelpunkt (vgl. 6.3.1), so wird die Attraktivität des Viertels als Wohnstandort und das Potenzial zur Aufwertung deutlich, doch wird damit auch verdeutlicht, dass sich keine Veränderungen in der infrastrukturellen Angebotsstruktur vollzogen hat.

Das Universitätsviertel in Gießen, ausgehend von den befragten Experten und eigenen Erlebnisberichten, hat ein insgesamt gutes Image (vgl. 6.4). Wenn man aber nach dem Viertel im Allgemeinen fragt, so wussten einige Befragte gar nicht, um welches Viertel es sich eigentlich dabei handelt. An dieser Aussage wird deutlich, dass das Gebiet bei den Menschen bisher noch nicht ins Bewusstsein gerückt ist. So kann davon ausgegangen werden, dass es bisher noch keine großen Veränderungen in dem Gebiet gab und deswegen auch nicht darüber diskutiert wird. Das Universitätsviertel gilt generell als gute Adresse und es werden positive Assoziationen damit verbunden. Entwicklungen, die auch mit negativen Emotionen verbunden werden, existieren nicht. Alteingesessene (Experten 1 und 2) fühlen sich nach wie vor in dem Viertel sehr wohl, sie engagieren sich und freuen sich darüber, dass man nach ihren Erfahrungen und Erinnerungen im Zusammenhang mit dem Universitätsviertel fragt (vgl. 6.4).

Die Öffentlichkeit ist an dem Universitätsviertel nicht interessiert, die Printmedien schreiben kaum etwas über das Gebiet. Stellt man Vergleiche zu anderen Städten an (z.B. Berlin: Prenzlauer Berg; Hamburg: Schanzenviertel), in denen sich Gentrifizierung vollzieht oder bereits vollzogen hat, so wird deutlich, dass eine symbolische Aufwertung (vgl. 2.2.4) an keinem Analysepunkt bestätigt werden kann. Spricht diese Aussage dafür, dass sich in dem Viertel wirklich keine Gentrifizierung vollzieht oder befindet sich das Gebiet noch in den Anfängen eines Aufwertungsprozesses? Spekulationen über eine Einteilung in eine Gentrifizierungsphase und eine damit einhergehende noch fehlende symbolische Aufwertung werden im Zwischenfazit diskutiert.

Imagefördernde Aktionen wie das Bruchstraßenfest tragen zwar zur symbolischen Aufwertung des Viertels bei, doch geht die Initiative von den Bewohnern aus; sie sind keine absichtlichen Aufwertungskonzepte der Stadt Gießen, die Städtetouristen und Publizität zum Ziel haben (vgl. 6.4). Das Kunstfest Fluss mit Flair (vgl. 6.4) stellt dabei eine Ausnahme dar.

Das Image des Viertels ist zusätzlich im Zusammenhang mit dem Image der Stadt Gießen zu betrachten, das auf den Prozess einer Aufwertung ebenso Einfluss haben könnte wie Faktoren, die unmittelbar mit dem Untersuchungsgebiet untersucht wurden. Eine Mutmaßung, die sich im thematischen Zusammenhang ergab, ist, dass ein schlechtes Image Auswirkungen auf den Ablauf und die Entwicklung des Gentrifizierungsprozesses haben kann. Da Gießen oftmals als hässlich bezeichnet wird und nicht als populär gilt wie z.B. Berlin, leidet das Image der Stadt und wirkt sich auf die Anziehungskraft eines Viertels aus. Yuppies (vgl. 2.1.2.2) sind einkommensstark, deswegen auch an einer guten Wohnlage interessiert und pflegen einen urbanen Lebensstil, der durch Großstädte mehr auszuleben ist (vgl. 2.2.3.2). Hinzu kommt dabei das Interesse an einem Szene-Gebiet, das modern und „in" ist. Gießen hat zwar Potenzial ein solches zu werden, doch fehlt es nach wie vor an einem Attraktivitätsfaktor und somit vielleicht auch an mangelnder Anziehungskraft für eine solche Klientel (Vermutung).

Die insgesamt 27 leerstehenden Gebäude im Viertel sprechen ebenso gegen eine Aufwertung im Sinne einer Gentrification, da sie nicht aufgrund von Sanierungen leerstehen, sondern aufgrund von Geschäftsschließungen oder ausbleibenden Neuvermietungen (vgl. Abb. 42).

Abbildung 28: Leerstand in der Ludwigstraße 3

Quelle: Eigene Aufnahme (2011).

Zusammenfassend ist keine deutliche Entwicklung im Sinne eines Gentrifizierungsprozesses spürbar, die auf eine nahe stehende Umwälzung des Viertels hindeutet.

8 Fazit

8.1 Zusammenfassung und abschließende Betrachtung

Die zentrale Fragestellung dieser Arbeit war es, herauszufinden, ob sich Gentrification im Universitätsviertel Gießen vollzieht und wenn ja, in welchem Ausmaß dieser Prozess stattfindet. Dazu wurden qualitative Experteninterviews durchgeführt und umfangreiche Gebäude- und Nutzungkartierungen angefertigt, welche durch verschiedene Untersuchungsmethoden ergänzt wurden (vgl. 5.3.2). Durch die intensive Arbeit mit ausgewählten Experten, insbesondere auch im Vorfeld der Analyse, konnten erste Informationen und Einblicke über das Quartier gewonnen werden, die einem als Besucher oder auch als Anwohner verschlossen bleiben. Die durchgeführten Untersuchungen und ihre Auswertung führten schließlich zu einem Ergebnis und einem Urteil über die Wandlung des Universitätsviertels.

Um die übergeordnete Fragestellung dieser Arbeit beantworten zu können, werden die zu Beginn der Arbeit gestellten Fragen im Folgenden nicht einzeln beantwortet, sondern im thematischen Kontext zusammengefasst und im Rahmen eines zusammenhängenden

Gesamtergebnisses dargestellt. Dabei erfolgt eine Darstellung der Ergebnisse vor dem Hintergrund möglicher Gentrifikationsprozesse im Universitätsviertel.

Ausgehend von der zu Anfang ausführlich erläuterten theoretischen Analyse des Gentrifizierungsbegriffs und den empirisch überprüften Veränderungen des Untersuchungsgebietes auf Hinweise der Dimensionen von Gentrification, kann für das Universitätsviertel der Prozess einer (typischen) Gentrifizierung nicht bestätigt werden. Die Aufwertungsentwicklungen, die für einen Prozess sprechen (vgl. 7.1), finden nicht flächendeckend im Untersuchungsgebiet statt, sie sind punktuelle und vereinzelte Aufwertungen, Initiativen von Bewohnern oder Hauseigentümern, die zwar Auswirkungen auf das Gebiet haben, aber rein von der Theorie gesehen, nicht in das Konzept der Gentrification einzuordnen sind.

Einige wichtige Eigenschaften und Voraussetzungen von Gentrification, wie z. B. das Interesse von Investoren und Planungsbehörden, also von außen gesteuerte Einflüsse, fehlen in dem Untersuchungsgebiet. Bei dem Prozess einer Gentrifizierung leiten Investoren und Behörden durch ihr Handeln und ihre Gewinnerwartungen eine Entwicklung ein, die sich überwiegend schnell abspielt.

Nimmt man großes Interesse von Investoren für das Viertel an, so würde eine Entwicklung von außen infolge des hohen Anteil an Privateigentum nicht zustande kommen können.

Der Bevölkerungsaustausch und damit einhergehende Prozesse von Mietpreissteigerungen und baulichen Veränderungen sind durch die Interviews ebenfalls nicht zu bestätigen. Für die künftige Entwicklung des Gebietes stellen sich aber folgende Fragen: Wird eine Veränderung aufgrund der Attraktivität des Gebietes stattfinden? Werden sich große Projekte auf die Zusammensetzung der Bewohnerschaft auswirken?

Prognosen und Vermutungen (vgl. 6, vgl. 7) deuten zwar auf eine Veränderung hin, aber zum heutigen Zeitpunkt können diese Thesen nicht flächendeckend bestätigt werden.

Betrachtet man die Literatur zur Gentrification, so wird schnell deutlich, dass die Konzepte sehr modellhaft sind und wenn, dann auch besonders auf Großstädte wie Berlin oder Hamburg in dem Ausmaß übertragbar (Bsp.: KRAJEWSKI 2006).

Für die Stadt Gießen gestaltet sich eine Übertragung der Modelle und Phasen (vgl. 2.2) als sehr schwierig. Da der Großstadtkontext fehlt, sind bestimmte Rahmenbedingungen, welche als Grundvoraussetzung von Gentrifikationstendenzen angesehen werden könnten (vgl. 2.3.2), im Universitätsviertel der Stadt Gießen nicht vorhanden und eine damit einhergehende Anziehungskraft und so auch das Interesse fehlen.

In diesem Zusammenhang sind wirtschaftlich starke und attraktive Großstädte, die hohes Potenzial für Aufwertungen zeigen, in keinem Maße mit dem Untersuchungsgebiet zu vergleichen.
Stellt man die Ergebnisse der empirischen Untersuchungen und die Experteninterviews in Bezug zueinander, so kann allgemein von einer großen Übereinstimmung der Aussagen gesprochen werden. Die Experten waren sich zwar über viele Aufwertungstendenzen im Viertel bewusst, jedoch wurden diese Eindrücke oftmals aufgrund der nur in Teilbereichen auftretenden Entwicklungen nicht in Zusammenhang mit Gentrifizierungsprozessen gesehen. Die Aussagen und die Übereinstimmungen mit den Erhebungen sprechen deshalb für vereinzelte Aufwertungserscheinungen im Universitätsviertel, aber auch für keine in der Öffentlichkeit bewusste Veränderung des Gebiets. Man könnte anhand der Analyseergebnisse annehmen, dass sich das Viertel noch ganz am Anfang eines Gentrifiationsprozesses befindet, doch betrachte ich eine Einteilung der Aufwertung in einer der Gentrifizierungsphasen (vgl. 2.2.2) unter den oben aufgeführten Aspekten als kritisch, da die bisher feststellbaren Veränderungen nicht auf einen gentrifizierungstypischen Ablauf einer Aufwertung schließen lassen. Von einer exakten Einordnung der Entwicklungen des Universitätsviertels in das Phasenmodell der Gentrification wird deshalb abgesehen.
Dennoch sind im Untersuchungsgebiet Aufwertungstendenzen erkennbar (vgl. 7.1), durch die ein Wandel im Quartier in Erscheinung tritt. Werden diese Entwicklungen unabhängig von den deskriptiven Modellen der Gentrification betrachtet, so lassen sich Tendenzen in den Entwicklungen des Viertels erkennen, die deutliche Parallelen zu Gentrifikationsprozessen aufweisen. Es könnte dabei also nicht von idealtypischen Gentrifikationstendenzen gesprochen werden.
Die im Universitätsviertel ablaufenden baulichen Veränderungen, der Wandel der ansässigen Gastronomie oder auch die vermehrten kulturellen Veranstaltungen stellen Faktoren dar, die im Kontext der Gentrification betrachtet zu den baulichen, funktionalen, sozialen oder auch symbolischen Aufwertungsentwicklungen gezählt werden können.
Fasst man alle Eindrücke und die dargestellten Aussagen zu dem Viertel zusammen, so ergibt sich das Bild eines sich langsam entwickelnden Prozesses: neue Luxuswohnungen, bauliche Sanierungen, Mietpreissteigerungen, viele Pioniere und Kunstfeste. Werden diese Eindrücke auf die in der Literatur dargestellten Dimensionen bezogen, so entsteht ein Gebiet mit viel Potenzial zur Wandlung, mit Veränderungstendenzen, die von der allgemein gültigen Entwicklung abweichen und einem leichten Trend zur Steigerung des

Images des Viertels. Es wäre jedoch falsch vor dem Hintergrund des Grundlagenteils dieser Arbeit von dem Terminus „Gentrification" zu sprechen, da nur leichte Ansätze von Gentrifikationsprozessen stattfinden und diese auch nur in Teilbereichen des Untersuchungsgebietes.

Wie bereits in 2.3.3 verdeutlicht, stellt Gentrification immer eine stadtteilbezogene Entwicklung dar, die sogar innerhalb einer Stadt in Abhängigkeit von den beteiligten Akteuren deutlich variieren kann. Unter diesem Aspekt kann Gießen umso mehr als ein Beispiel dafür dienen, dass sich Aufwertungstendenzen zwar im Kontext der Gentrification vollziehen, dennoch von Modellen und anderen Städten in ihrem Ablauf stark abweichen. Die Untersuchung über das Universitätsviertel Gießen kann gewissermaßen als eine Art Muster und Beispiel für vom Gentrifikationskontext abweichende Aufwertungsmaßnahmen gesehen werden.

8.2 Ausblick

Vergleicht man die Forschungsergebnisse des Universitätsviertels mit anderen Untersuchungen zur Gentrification, so ist erkennbar, dass sich zum heutigen Zeitpunkt keine Gentrification im Universitätsviertel Gießen abspielt, sich aber dennoch eine Wandlung im Viertel vollzieht, die es weiterhin zu untersuchen gilt. Das Problem der Datenlage zu dem Untersuchungsgebiet könnte optimiert werden und aufbauend auf dieser Untersuchung sollten auch weiterführende Ergebnisse gesammelt werden, die einen Vergleich und somit auch einen Aufwertungsprozess deutlicher veranschaulichen können. Die Abgrenzung des Untersuchungsgebietes könnte an die vorhandene Datenlage weiter angepasst werden, womit weitere Voruntersuchungen hinzugezogen werden könnten.

Wie bereits in der abschließenden Betrachtung dargestellt, kann man davon ausgehen, dass zwar im Sinne einer klassischen Gentrifizerung keine Veränderung deutlich wird, sich dennoch eine Entwicklung mit Aufwertungstendenzen abspielt. Diese gilt es weiterhin zu beobachten, zu analysieren und im Kontext der Gentrification zu diskutieren. Auszugehen ist von einer voranschreitenden Veränderung, die auf die Aufwertungsdimensionen der Gentrification hin zu überprüfen wäre, um eine genauere Aussage zu dem Prozess zu bekommen.

Aussagen zur zukünftigen Entwicklungen des Stadtquartiers wurden in der Arbeit zwar aufgegriffen, doch ob diese prognostizierten Veränderungen auch eintreten, könnte mittels einer Folgestudie zu dem Untersuchungsgebiet geprüft werden. Um tiefer gehende

Erkenntnisse zu erhalten, könnten weitere Untersuchungen zur Bevölkerungsstruktur z.B. angestellt werden, die eine Ausweitung der Ergebnisse in alle Teilbereiche der Entwicklung ermöglichen.

LITERATUR- UND QUELLENVERZEICHNIS

ALISCH, M.; DANGSCHAT, J.S. (1996): Die Akteure der Gentrifizierung und ihre „Karrieren". In: FRIEDRICHS, J.; KECSKES, R. (Hrsg.): Gentrification. Theorie und Forschungsergebnisse. Opladen: Leske und Budrich, S.95-129.

ALISCH, M.; ZUM FELDE, W. (1990): „Das gute Wohngefühl ist weg!" – Wahrnehmungen, Bewertungen und Reaktionen von Bewohnern im Vorfeld der Verdrängung. In: BLASIUS, J.; DANGSCHAT, J.S. (Hrsg.): Gentrification. Die Aufwertung innenstadtnaher Wohnviertel. Frankfurt/Main, New York: Campus Verlag, S.277-300.

BLASIUS, J. (1993): Gentrification und Lebensstile. Eine empirische Untersuchung. Wiesbaden: Deutscher Universitäts-Verlag GmbH.

BLASIUS, J.; DANGSCHAT, J.S. (1990): Die Aufwertung innenstadtnaher Wohnviertel – Grundlagen und Folgen. In: BLASIUS, J.; DANGSCHAT, J.S. (Hrsg.): Gentrification. Die Aufwertung innenstadtnaher Wohnviertel. Frankfurt/Main, New York: Campus Verlag, S.11-31.

BRAKE, L.; KLINKEL (1998): Gießen. Universitätsstadt an der Lahn. Fotografien von heute und gestern. Eine Gegenüberstellung. Gudensberg-Gleichen: Wartberg Verlag.

BRECKNER, I. (2010): Gentrifizierung im 21. Jahrhundert. In: Bundeszentrale für politische Bildung. Aus Politik und Zeitgeschichte 17 (APuZ), S.27-32.

CRAMER, T. (2009): Statistischer Jahresbericht 2009. Universitätsstadt Gießen (Hrsg.): Büro für Magistrat, Information und Service – Statistikstelle. Gießen: Städtische Druckerei.

DANGSCHAT, J.S. (1988): Gentrification: Der Wandel innenstadtnaher Wohnviertel. In: FRIEDRICHS, J. (Hrsg.): Soziologische Stadtforschung. Kölner Zeitschrift für Soziologie und Sozialpsychologie Sonderheft 29, Opladen. S.272-292.

DANGSCHAT, J.S. (1990): Geld ist nicht (mehr) alles – Gentrification als räumliche Segregierung nach horizontalen Ungleichheiten. In: BLASIUS, J.; DANGSCHAT, J.S. (Hrsg.): Gentrification. Die Aufwertung innenstadtnaher Wohnviertel. Frankfurt/Main, New York: Campus Verlag, S.69-92.

FALK, W. (1994): Städtische Quartiere und Aufwertung: Wo ist Gentrification möglich? In: HELLSTERN, G.-M.; WOLLMANN, H. (Hrsg.): Stadtforschung aktuell, Bd. 49. Basel, Boston, Berlin: Birkhäuser.

FARWICK, A. (1998): Soziale Ausgrenzung in der Stadt. Struktur und Verlauf der Sozialhilfebedürftigkeit in städtischen Armutsgebieten. In: Geographische Rundschau 50, H.3, S.146-153.

FRIEDRICH, K. (2000): Gentrifizierung. Theoretische Ansätze und Anwendung auf Städte in den neuen Ländern. In: Geographische Rundschau 52, H.7-8, S.34-39.

FRIEDRICHS, J.; KECSKES, R. (1996): Einleitung. In: FRIEDRICHS, J.; KECSKES, R. (Hrsg.): Gentrification. Theorie und Forschungsergebnisse. Opladen: Leske und Budrich, S.7-10.

FRIEDRICHS, J. (1996): Gentrification: Forschungsstand und methodologische Probleme. In FRIEDRICHS, J.; KECSKES, R. (Hrsg.): Gentrification. Theorie und Forschungsergebnisse. Opladen: Leske und Budrich, S.13-40.

FRIEDRICHS, J. (2000): Gentrification. In: HÄUßERMANN, H (Hrsg.): Großstadt. Soziologische Stichworte Opladen: Leske und Budrich, S.57-66.

GLATTER, J.; KILLISCH, W. (2004): Gentrification in innenstadtnahen Wohnquartieren ostdeutscher Städte – das Beispiel der Dresdner Äußeren Neustadt. In: Berichte zur deutschen Landeskunde 78, H.1, S.41-54.

HÄUßERMANN, H. (1998): Armut und städtische Gesellschaft. In: Geographische Rundschau 50, H.3, S.136-138.

HÄUßERMANN, H.; SIEBEL, W. (1987): Neue Urbanität. Frankfurt am Main: Suhrkamp Verlag.

HÄUßERMANN, H. (1990): Der Einfluss von ökonomischen und sozialen Prozessen auf die Gentrification. In: BLASIUS, J.; DANGSCHAT, J.S. (Hrsg.): Gentrification. Die Aufwertung innenstadtnaher Wohnviertel. Frankfurt/Main, New York: Campus Verlag, S.35-50.

HEINEBERG, H. (2006): Stadtgeographie. 3.Aufl. Paderborn: Schöningh.

HELBRECHT, I. (1996): Die Wiederkehr der Innenstädte. Zur Rolle von Kultur, Kapital und Konsum in der Gentrification. In: Geographische Zeitschrift 84, H.1, S.1-15.

HELBRECHT, I.; POHL, J. (1995): Pluralisierung der Lebensstile: Neue Herausforderungen für die sozialgeographische Stadtforschung. In: Geographische Zeitschrift 83, H.1, S.222-237.

HERFERT, G. (2003): Zwischen Gentrification und Abwärtsspirale. Sozialräumliche Differenzierung in Wohnquartieren sächsischer Großstadtregionen Ende der 1990er Jahre. In: Raumforschung und Raumordnung 61, H.3, S.170-184.

HILL, A.; WIEST, K. (2004): Gentrification in ostdeutschen Cityrandgebieten? Theoretische Überlegungen zum empirischen Forschungsstand. In: Berichte zur deutschen Landeskunde 78, H.1, S.25-39.

KECSKES, R. (1996): Die Dynamik der Aufwertung innenstadtnaher Wohngebiete. Zur Begründung unterschiedlicher Prozessverläufe der Gentrification. In: FRIEDRICHS, J.; KECSKES, R. (Hrsg.): Gentrification. Theorie und Forschungsergebnisse. Opladen: Leske und Budrich, S.55-94.

KRAJEWSKI, C. (2006): Urbane Transformationsprozesse in zentrumsnahen Stadtquartieren - Gentrifizierung und innere Differenzierung am Beispiel der Spandauer Vorstadt und der Rosenthaler Vorstadt in Berlin. Münster: Münstersche Geographische Arbeiten.

KRAJEWSKI, C. (2004): Gentrification in Zentrumsnähe. Das Beispiel Spandauer Vorstadt in Berlin-Mitte. In: Praxis Geographie, H.9, S.12-17.

KREIBICH, V. (1990): Die Gefährdung preisgünstigen Wohnraums durch wohnungspolitische Rahmenbedingungen. In: BLASIUS, J.; DANGSCHAT, J.S. (Hrsg.): Gentrification. Die Aufwertung innenstadtnaher Wohnviertel. Frankfurt/Main, New York: Campus Verlag, S.51-68.

KÜPPERS, R. (1996): Gentrification in der Kölner Südstadt. In: FRIEDRICHS, J.; KECSKES, R. (Hrsg.): Gentrification. Theorie und Forschungsergebnisse. Opladen: Leske und Budrich, S.133-165.

LANG, K. (1993): Denkmaltopographie Bundesrepublik Deutschland. Kulturdenkmäler in Hessen. Universitätsstadt Gießen. Landesamt für Denkmalpflege Hessen (Hrsg.). Braunschweig, Wiesbaden: Vieweg.

MAROTZKI, W. (2003): Leitfadeninterview. In: BOHNSACK, R.; MAROTZKI, W; MEUSER, M. (Hrsg.) : Hauptbegriffe Qualitativer Sozialforschung. Opladen: Leske und Budrich, S.114.

MEIER KRUKER, V.; RAUH, J. (2005): Quantitative Methoden und Techniken. In: MEIER KRUKER, V. ; RAUH, J. (Hrsg.): Arbeitsmethoden der Humangeographie. Darmstadt: Wissenschaftliche Buchgesellschaft WBG, S.84-107.

MEUSER, M; NAGEL, U. (1991): ExpertInneninterviews – vielfach erprobt, wenig bedacht. Ein Beitrag zur qualitativen Methodendiskussion. In: GARZ, D.; KRAIMER, K. (Hrsg.): Qualitativ-empirische Sozialforschung. Konzepte, Methoden, Analysen. Opladen: Westdeutscher Verlag, S.441-471.

MEUSER, M.; NAGEL, U. (2003): Experteninterview. In : BOHNSACK, R.; MAROTZKI, W; MEUSER, M. (Hrsg.) : Hauptbegriffe Qualitativer Sozialforschung. Opladen: Leske und Budrich, S. 57-58.

MORAW, P. (1990): Kleine Geschichte von der Universitätsstadt Gießen von den Anfängen bis zur Gegenwart. Gießen: Verlag der Ferber'schen Universitäts- Buchhandlung Gießen.

NACHTIGALL, I. (2008): Funktionen – Struktur – Verteilung. Stadtsoziologische Analyse der Einzelhandels- und Dienstleistungsstruktur des Wiener Brunnenviertels. (Diplomarbeit)

RECKE, M. (2003): Gießen und die Antike: Auf den Spuren der klassischen Archäologie, Teil 1. In: MAAß, W. (Hrsg): Gießen auf den zweiten Blick. Spaziergänge durch die Universitätsstadt. Gießen: Brühlscher Verlag, S.30-41.

ROHLINGER, H. (1990): Zur Messung von Gentrification – Anmerkungen zu einem komplexen Forschungsdesign. In: BLASIUS, J.; DANGSCHAT, J.S. (Hrsg.): Gentrification. Die Aufwertung innenstadtnaher Wohnviertel. Frankfurt/Main, New York: Campus Verlag, S.231-250.

SCHNELL, R.; HILL, P. B.; ESSER, E. (2008): Methoden der empirischen Sozialforschung. München: Oldenbourg Wissenschaftsverlag GmbH.

THOMAS, D. (2008): Akteure der Gentrification und ihre Ortsbindung: Eine empirische Untersuchung in einem ostdeutschen Sanierungsgebiet. (Dissertation)

WEISKE, C. (1996): Gentrification und Incumbent Upgrading in Erfurt. In: FRIEDRICHS, J.; KECSKES, R. (Hrsg.): Gentrification. Theorie und Forschungsergebnisse. Opladen: Leske und Budrich, S.193-226.

WIEST, K. (1997): Die Neubewertung Leipziger Altbauquartiere und Veränderungen des Wohnmilieus. In: MAYR, A.; GRIMM, F.-D. (Hrsg.): Beträge zur Regionalen Geographie 43. Leipzig: Selbstverlag Institut für Länderkunde Leipzig.

WIEßNER, R. (1990): Soziale und strukturelle Folgen von Modernisierungen in innenstadtnahen Gebieten. In: BLASIUS, J.; DANGSCHAT, J.S. (Hrsg.): Gentrification. Die Aufwertung innenstadtnaher Wohnviertel. Frankfurt/Main, New York: Campus Verlag, S.301-324.

Internetquellen

http://esregnetkaviar.de/ (Aufruf am 14.04.2011)

http://www.rechtaufstadt.net/ (Aufruf am 14.04.2011)

http://www.bruchstrasse-giessen.de/ (Aufruf am 14.06.2011)

http://www.flussmitflair.de/Willkommen.html (Aufruf am 14.06.2011)

http://www.agenda21-giessen.de/index.php?article_id=56 (Aufruf am 20.06.2011)

http://www.giessen.de/index.phtml?mNavID=684.33&sNavID=684.33&La=1, Aufruf am 29.06.2011).

ANHANG A

Karte „Universitätsviertel"

Karte: Universitätsviertel der Stadt Gießen

Quelle: Ausschnitt aus dem Stadtplan Gießen, 2009.

ANHANG B

Karte 1: Erdgeschossnutzungen im Universitätsviertel Gießen (2011)

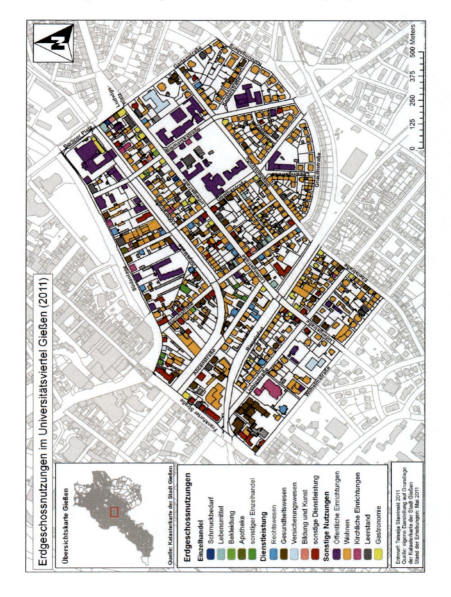

ANHANG C

Karte 2: Erdgeschossnutzungen im Universitätsviertel Gießen (1974)

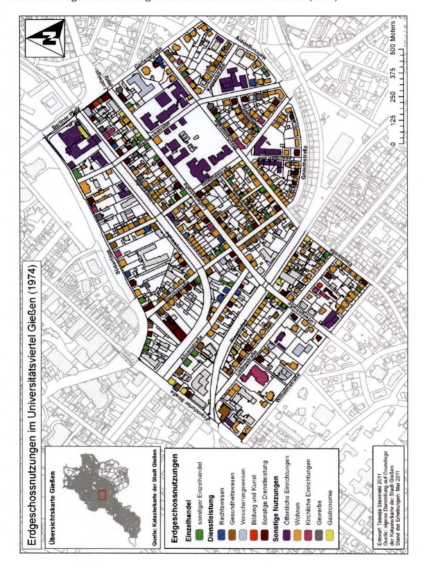

ANHANG D

Karte 3: Alter der Gebäude im Universitätsviertel Gießen (2011)

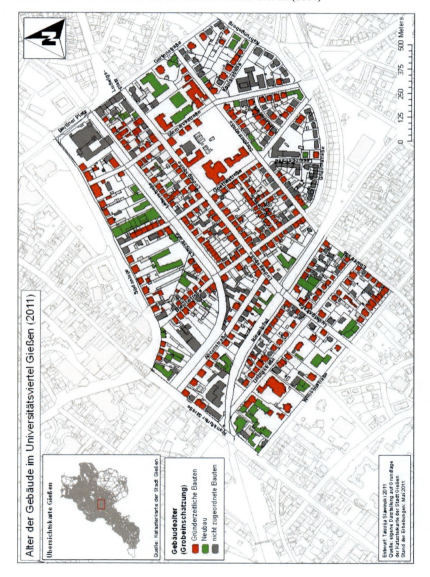

ANHANG E

Karte 4: Zustand gründerzeitlicher Bauten im Universitätsviertel Gießen (2011)

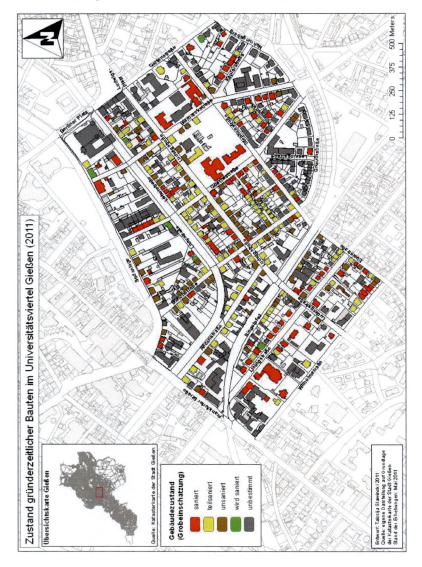

ANHANG F

Einzelhandelauswertung 2011

Tab.: Einzelhändler im Universitätsviertel Gießen

Name und Adresse des Einzelhändlers	bereits am Ort seit:
Rohrbach- Elektro, Südanlage 22-24	75 Jahren
Unter Umständen (Umstandsmode) Bleichstr.14	3 Jahren
Sie Matic Küchenzentrum Bleichstr.15	14 Jahren
Tom&Sallys Bleichstr.23	6 Jahren
Metzgerei Kunz Bleichstr.29	105 Jahren
Goethe-Apotheke Stephanstr.26	50 Jahren
Braun Bäcker Bruchstr.32	52 Jahren
Marbobo Kiosk Ludwigstr.32a	2 Jahren
Schmidt Kosmetik & Schmuck Ludwigstr.22	26 Jahren
Troya (Türkischer Imbiss) Bismarckstr.14	4 Jahren
Belstaff (Bekleidung) Bismarckstr.11	6 Jahren
Apotheke am Ludwigsplatz Ludwigsplatz11	51 Jahren
Goldschmied Scriba (Schmuck und Uhren) Ludwigsplatz12	51 Jahren
Bäcker Siebenkorn Ludwigsplatz13	¾ Jahr
Edeka Ludwigstr.6	52 Jahren
Fahrrad Secondhand An-& Verkauf Bismarckstr.8	3 Jahren
Kiosk am Berliner Platz Berliner Platz	35 Jahren
City Elektrogroßhandlung GRÜN Alicenstr.37	69 Jahren
J. Rickersche universitäre Buchhandlung Ludwigsplatz12	51 Jahren
Apotheke an der Südanlage Südanlage11	40 Jahren
Ökotopia (Lebensmittel) Ludwigstr.47	16 Jahren

Quelle: eigene Darstellung (2011).

Gießener Geographische Manuskripte

Herausgeber: Die Professoren des Instituts für Geographie der Justus-Liebig-Universität

Band 1:

Alexander Höweling (2010): Geographische Unterrichtsfilme auf DVD im Spiegel des moderaten Konstruktivismus - Untersucht an drei Fallbeispielen zum Thema Megacities. Aachen: Shaker Verlag.

Band 2:
Samuel Lüdemann, Marten Lößner (2010): Warum werde ich Geographielehrer? - Eine empirische Untersuchung zu den Berufswahlmotiven von Lehramtsstudierenden der Geographie an der Justus-Liebig-Universität Gießen. Aachen: Shaker Verlag.

Band 3:
Johann-Bernhard Haversath (Red.) (2011): Rumänien und Moldawien. Transformation, Globalisierung, Fragmentierung. Aachen: Shaker Verlag.

Band 4:
Sandra Schaarschmidt (2011): Wohnsituation der Studierenden. Zufriedenheitsstudie zu den Unterkünften am Beispiel der Universitätsstadt Gießen. Aachen: Shaker Verlag.